我们和你们

中国和文莱的故事

刘新生 / 主编

 五洲传播出版社

图书在版编目（CIP）数据

中国和文莱的故事 / 刘新生主编 . —北京：五洲传播出版社，2017.4
（我们和你们）
ISBN 978-7-5085-3644-6

Ⅰ . ①中… Ⅱ . ①刘… Ⅲ . ①中外关系 – 友好往来 – 文莱
Ⅳ . ① D822.234.4

中国版本图书馆 CIP 数据核字（2017）第 068890 号

中国和文莱的故事

出 版 人：荆孝敏
统　　筹：付　平

主　　编：刘新生
责任编辑：高　磊
装帧设计：北京翰墨坊广告有限公司
出版发行：五洲传播出版社
地　　址：北京市海淀区北三环中路 31 号生产力大楼 B 座 6 层
邮　　编：100088
发行电话：010-82005927，010-82007837
网　　址：www.cicc.org.cn www.thatsbooks.com
承　　印：北京利丰雅高长城印刷有限公司
版　　次：2017 年 4 月第 1 版第 1 次印刷
开　　本：787×1092mm 1/16
印　　张：16.25
字　　数：220 千字
定　　价：56.00 元

贺词

恰逢文莱达鲁萨兰国和中华人民共和国建交 25 周年，本书的出版真的是一种非常有意义的纪念方式。本书为我们收集了那些见证文莱—中国友谊和为其作出贡献的一些个人的经历。

我们两国间的历史往来可以追溯至很多世纪之前，这样的历史渊源让我们两国人民间的贸易和社会文化往来形成了坚实纽带。如今，基于互敬、互信和和平共处，我们两国领导人之间的友谊为两国的友好关系发展奠定了坚实的基础。基于此，我们的合作已经拓展到惠及我们两国和两国人民的许多务实领域。

2013 年，文莱苏丹陛下和习近平主席将我们两国关系提升为战略合作关系。这表明了双方领导人要将我们多层面、多领域的合作提升到新高度的坚定决心。推进我们两国人民之间更紧密的友谊，才是催动文莱—中国关系航船不断前进的根本力量。

我想向刘新生大使和其他让本书付梓成为可能的朋友表示祝贺。这将为我们的后世子孙欣赏文莱和中国的故事增添许多珍贵的记录，并将进一步增进我们万古长青的友谊。

文莱达鲁萨兰国外交与贸易部无任所大使

玛斯娜公主殿下

序

外交笔会和五洲传播出版社联合编辑出版《中国和文莱的故事》一书，正值中国和文莱建交 25 周年，意义非同一般。

文莱是中国的友好邻邦，也是东盟的重要一员。中国与文莱相互尊重、平等相待，两国关系稳步发展。在国与国联系愈来愈紧密、利益愈来愈关联的情况下，中国与文莱都有意继续提升和拓展双方合作，实现互利共赢。

"国之交在于民相亲"。据中国古籍记载，中国同古称"浡泥"的文莱从汉代开始就有往来。如今，不少华夏子民在文莱安居乐业，有的还与当地百姓相互通婚。双方之间的交流、了解与友谊日益发展。两国之间既有渊源，也有亲缘。

本书的作者都是中文关系发展的见证者、参与者和推动者。他们用心记录的每一个故事，让我们从不同角度感受到两国人民之间真挚的情谊。我谨对他们特别是为本书的出版付出辛勤努力的刘新生大使表示由衷的敬意和感谢。相信通过这本书，会有更多朋友认识和喜爱有着"和平之邦"美誉的文莱，并为中文关系的持久发展出一份力。

中国驻文莱大使　杨　健

2016 年 8 月 1 日于文莱斯里巴加湾

序

很荣幸应刘新生大使之邀为他主编的新书《中国和文莱的故事》作序。这本书收集了一些个人分享的在文莱的独特体验的故事，他们为文莱—中国友好关系作出了贡献。这本书也展现了我们两国人民的密切往来和两国间的友谊。

文莱和中国的友谊可以追溯至许多世纪以前。在过去的25年间，由于两国领导人的关切和努力，双边关系日益深入，并被提升至战略伙伴层面。两国间的合作领域不断加强。近年来，越来越多的中国公司投资文莱的能源、渔业、农业和基础设施等领域。民间往来也持续增进，特别是越来越多的文莱留学生来到中国学习，日益频繁的文化交流和持续增多的中国人赴文莱旅游观光。

刘大使是文莱的老朋友，他曾于1993年至1998年任中国驻文莱大使。他投入很多宝贵时间撰写关于文莱的书籍，并积极增进中国和文莱的关系。在此，我祝贺他完成本书，并完全支持他为促进我们两国人民间的亲密友谊所付出的巨大努力和奉献。

文莱达鲁萨兰国驻华大使　张慈祥
2016 年 8 月 12 日

目 录

友谊篇

记忆篇

浡泥王墓万古流芳

杨新华

（南京市文物局原副局长）

中国与文莱的交往，可以追溯到南北朝时期的梁代（502—557）。文莱二世苏丹麻那惹加那乃于明永乐六年（1408年）率150余人来华进行友好访问，不幸病故于南京，明成祖朱棣以王礼将其安葬在南京南郊石子岗。这座中国土地上的外国国王陵墓，成为中华民族历史上与其他国家友好交往的有力例证。

浡泥王墓的发现

1958年4月，南京市文物保管委员会在全市范围内深入开展文物普查工作。同年5月12日，普查人员来到东向花村，在田头向农民宣传文物普查的意义、目的和普查对象，并向他们展示贴有各种类型文物照片的相簿。农民们纷纷反映：乌龟山有个石乌龟，下山喝水，头给雷公菩萨打断，爬不回去了，现在还趴在山坡上……普查人员按他们指点的路线，循山中小径，登上乌龟山，发现了匍匐在山阳的龟趺。龟趺旁边的草丛中卧有一段残碑，碑文已大部分漫漶，但经过仔细揣摩，依稀可辨认出"葬王于安德门外之石子岗""器皿及金银锦绮钱币甚厚赐王妻""浡泥国王去中国"等字迹。当时，普查人员虽然怀疑这就是浡泥国王墓，但尚不敢下断言。

回到市文保会，普查人员查阅有关资料，在《皇明文衡》卷八十一中发现了明代胡广撰写的《浡泥国恭顺王墓碑碑文》，遂将抄录的残碑碑文进行核对，内容完全一致。至此，终于查清了100多年来一直被认为是"渺不可寻"的浡泥国王墓，便是这座被当地群众呼为"马回回坟"的"佚名"墓。随后，普查人员又在墓前的水沟里发现了另一段残碑。这是神道碑的上半段，字迹大都模糊不清，但开头的"……乐六年……月乙未浡泥王麻那惹……"等十数个字尚可辨识。

浡泥国王墓的所在地东向花村乌龟山，距明代南京城的聚宝门（今中华门）约五公里，距雨花台风景区四公里。这里是聚宝山的一部分。早在东吴时代（222—265），人们便称这一带为"石子岗"了，因为这里出产的雨花石色彩斑斓，晶莹剔透，如玛瑙宝石一般，人们又称这里为"聚宝山""玛瑙岗"。聚宝山有三个主峰，位于东面的称东岗，又名梅岗，附近有江南第二泉、南宋抗金英雄杨邦乂剖心处、明文学博士方孝孺墓、明宁河王邓愈墓、明福清公主墓、明镇国将军李杰墓、明虢国公俞通海墓、明西宁侯宋晟墓等名胜古迹；中间的称中岗，为雨花台死难烈士纪念碑所在地；西面的称西岗，又名菊花台。从习惯上，人们把东、中岗合称为"雨花台"，而安德门外的西岗则被直呼为"石子岗"了。

石子岗是六朝以来南京地区墓葬的主要集中地。清代陈文述有诗吟"石子岗"曰："白杨萧萧江草暮，石子岗前六朝路；我来不见六朝人，惟见六朝丛葬处。"以浡泥国王墓为中心，北端约三华里处为六朝古墓葬群；其西南约一华里处有明代"传南山正宗第十三世、古林堂上开山第一代"的佛教中兴律祖古心大和尚及其弟子的墓塔，称天隆寺塔林；西侧约三华里处有明镇远侯顾兴祖墓；正南为尹西村，村侧碑亭山上有明南京户部尚书周金墓。石子岗古墓葬群被列为南京市文物保护单位。由此可见，明成祖朱棣以王礼将浡泥国王安葬于此，其意义非同一般。

浡泥王墓的维修

一度湮失百余年之久的浡泥国王墓，从发现的那一天起，中国政府就非常重视和关心。浡泥国王墓现在是江苏省重点文物保护单位，受国家法律保护。政府委派江苏省、南京市和雨花台区的文物管理部门，负责浡泥国王墓的日常管理和保护工作。当地的铁心桥镇政府也安排专人负责环境卫生、每日巡查等工作。

50多年来，政府投入了大量的资金，对墓园进行过七次较大规模的保护维修。第一次是在发现的当年，也就是1958年的8月，首先清理杂草，找出墓的神道，对残损的石刻进行扶正、修补。在这一次墓园清理的过程中，新发现了许多原墓的建筑材料，如享殿柱础、华表柱础等，还发现了一段用明代城砖铺砌的神道路面。接下来的几次维修，重点在绿化、道路、神道、神道石刻修补等。进入90年代以来，为迎接文莱外交部长和其他官员来访，市文物部门新铺了从神道碑到墓前的青石板路，雨花台区政府投资30多万元，新修了从大路到墓前的柏油路。

应该说，对浡泥国王墓的保护早已纳入了政府的日常行政工作范畴。此后，进一步规划、完善浡泥国王墓的整体开发利用工作逐步展开。雨花台区政府在"圈地建园，美化环境，整体规划，全面建设"时，突出强调"重点整修、建设墓冢和墓园内配套设施"，按照伊斯兰教墓葬风俗，对现有墓冢进行全面改造建设，并在墓园内建部分具有伊斯兰建筑特色的亭台、长廊，营造小型人工湖面，建设一座小型陈列

馆，以实物和图片资料宣传介绍中文两国交往史，建成集文物保护和文莱风格旅游观光为一体的外国国王陵园，供世人瞻仰。

2001年10月，浡泥国王墓提升为全国重点文物保护单位。雨花台区政府以此为契机，翻阅大量史料，科学规划了以修缮、维护浡泥国王墓为主的文莱风情园建设构想，旋于2002年秋斥资1000余万元，实施了前所未有的维护、文物复建和环境整治一期工程，复建了牌坊、神道碑亭、墓冢、祭台，整修了神道，新建了"中国—文莱友谊馆"，树立全国重点文物保护单位标志碑，绿化美化。历经两年建设，整个墓园更显庄严肃穆。600多年前安葬在南京郊外的浡泥国王麻那惹加那乃，如若在天有灵，定会含笑于九泉！

浡泥王墓的价值

　　1994 年 10 月初，文莱历史中心主任、苏丹陛下文化高级顾问佩欣·贾米尔首次应邀来宁参观考察浡泥国王墓和郑和墓。参观期间，佩欣·贾米尔说：关于浡泥国王和这个墓，文莱国内的意见还不一致。有人说，墓主人不是国王；有人说，这墓是假的；也有人说，这个墓碑是中国人后造的，骗骗文莱人。还有一种谬论更令人哭笑不得，那就是文莱国王是被中国皇帝毒死而不是病死的，要不然，你拿出当时的病历和药单来看看。针对以上说法，笔者和专家学者等人以书中史料和碑文内容为依据作了有力驳斥。佩欣·贾米尔也非常明确地表示："这是西方人散布的谣言，中国和文莱建交引起了他们的恐慌，他们对中国和东南亚各国日益密切的关系感到忧虑，于是，就出现了谣言。"虽然这些谬论和谣言不堪一击，但对于许多不明真相的人来说，却可以在很大程度上产生不良影响。

佩欣·贾米尔回国以后，根据在南京考察时得出的结论，对照大量史书、口碑、石碑，进一步论证，最终以自己的威望、资历和渊博的知识改写了历史，改写了教科书，确认了病逝于中国的麻那惹加那乃是文莱 1402 年至 1408 年在位的第二世苏丹，填补了文莱苏丹系谱上的一个空白。他还从一个公墓中发现的墓碑碑文推断：文莱的第一位苏丹于 1363 年到 1402 年在位，他可能有一个儿子，这个儿子在 1402 年他父亲去世后继承了文莱苏丹王位。"很自然，一个新的统治者要寻求对其承袭王位的确认，表明其并非出自某种强权。1403 年，文莱是爪哇的一个属国，所以这位新国王积极寻找中国的庇护，以摆脱对爪哇的依赖。尽管他死于中国，但目的已经达到，文莱作为中国属国的地位得到了确认。"

渤泥国王麻那惹加那乃在中国病逝后，永乐皇帝命其四岁之子遐旺承袭王位。回到文莱后，年仅四岁的遐旺不胜重任，"令其叔父以苏丹艾哈迈德（Ahmad）的名义执掌文莱政权"。永乐十年（1412 年）八月，遐旺和母亲一起又来到中国，一直到第二年二月才返回文莱。以后的史料中便再没有提及遐旺，估计他是早年夭折了。所以，他的叔父就一直继续统治着文莱，年限自然是从 1408 年开始，直到 1425 年去世。遐旺的叔父艾哈迈德在文莱被称为第三世苏丹。文莱学者利用中国学者的研究成果，结合本国口碑传说，连接了苏丹世系的缺环，其意义非同小可。

1991 年 9 月 30 日，中国与文莱达鲁萨兰国正式建立外交关系。文莱玛斯娜公主等王室成员，外交、文化等部长和政府官员纷纷来华访问考察，其中不少专程前往南京拜谒渤泥国

王麻那惹加那乃陵墓，均对其历经 600 多年沧桑而保存完好深感欣慰和感激。玛斯娜公主曾深有感慨地说："古老的中国人对不同客人都能放开怀抱，正是这种开放的态度，点燃了我的先辈们的想象力，让他们不畏艰难去寻找蕴藏在那遥远陆地上的知识……这座墓的历史也是两国友谊的见证。"

1998 年 10 月，参加浡泥国王逝世 590 周年纪念活动的中文两国官员在浡泥国王墓前合影留念。

从考古遗迹看文莱—中国友好关系

佩义兰·卡里姆博士

（文莱文物局前局长）

苏莹莹　梁　燕　译

　　文莱和中国于 1991 年正式建立外交关系。然而，两国的友谊源远流长，可追溯到 1500 多年前。中国史料记载两国之间的往来始于公元 6 世纪，一直持续到公元 17、18 世纪。随着中国的朝代更迭，文莱在中国史籍中的名称也有所不同，如婆罗、婆利、浡泥、文莱等。

　　公元 10 世纪，文莱与中国的关系日益密切，"浡泥"这一地名时常出现在中国的史料之中。据记载，文莱曾派遣三名使者带着象征两国友好关系的贡品于公元 977 年前往中国。文中两国的关系持续友好，使者往来频繁。文莱曾在公元 1082 年、1370 年、1405 年、1408 年、1410 年、1412 年、1415 年和 1425 年派遣使者到访中国；而中国使者也于公元 1370 年、1405 年、1408 年和 1411 年出使文莱。互派使臣既显示了两国关系的密切，也体现了双方在政治和经济领域的相互重视。

　　除了官方往来，文莱与中国也建立了密切的贸易关系。在这方面，双方可谓互相依存、互相需要的关系。文莱是一个盛产木材与自然资源的国家，其产品在中国、印度、中东等国外市场广受欢迎。文莱的主要商品有樟脑、白胡椒、藤木、西米、檀香木、沉香、蜂窝、燕窝、玳瑁以及龟壳。中国也有大量的商品出口到文莱，主要有瓷器、丝绸、铜、铁等。文莱与中国之间的贸易关系日趋稳固，一直持续到公元 18 世纪末 19 世纪初。

在文莱，保存至今的一些考古遗址见证了两国之间的友好交往。本文主要论述这些历史遗迹中的其中一项，即公元 12—17 世纪的中国瓷器。本文将研究重点放在出土了大量中国瓷器的特鲁桑古邦（Terusan Kupang）遗址以及哥打巴都（Kota Batu）遗址。这两大遗址所出土的瓷器的生产时间有所不同，特鲁桑古邦遗址出土的是公元 12—13 世纪的宋朝瓷器，而哥打巴都遗址出土的是公元 14—17 世纪的明朝瓷器。本文也将对文莱境内发现的第一艘也是唯一的一艘沉船——"文莱沉船"进行研究，试图通过对沉船的研究来了解古代文莱的对外贸易，特别是公元 15—16 世纪文莱与中国及东南亚各国的贸易往来。

文莱境内出土的中国瓷器

瓷器是文莱境内大量出土的一种重要考古文物。与其他木制、布制或纸制的文物相比，瓷器具有可长久保存、不易变质、不易损坏的优点。基于此，瓷器为研究文莱当地的历史，特别是其贸易与对外关系的历史作出了重要贡献。

中国早在约 8000 多年前就开始生产瓷器，是世界上最早掌握这一技术的国家。隋末唐初的瓷器生产凸显了中国在瓷器制造领域的辉煌成就。当时的瓷器是在 1300—1400℃的高温下烧制而成的一种高品质的瓷器。它质地坚硬，表面光滑，透光性好，并能防水。这些特点使得中国瓷器享誉世界，为其他国家所争相效仿。公元 10 世纪，中国开始对外出口瓷器，并在国际市场上广受欢迎。中国瓷器的涌入使得文莱、菲律宾

文莱河畔出土的宋代韩瓶

等一些东南亚国家的瓷器制造业受到冲击并日渐式微。而在泰国、越南等其他一些国家，中国瓷器的进口却促进了当地的瓷器制造业向更高水平发展。

虽然据史料记载文莱与中国之间的关系始于公元6世纪，但是在文莱境内尚未发现那个时期的中国瓷器。当时中国实行闭关锁国的贸易政策，东南亚地区和中国的贸易全部掌握在阿拉伯和波斯商人手中。因此，中国的商品很少出现在包括文莱在内的东南亚地区。到了唐朝，中国开始转变政策，朝贡贸易开始兴起。贸易因此受到重视，大量外国商人来到中国开展贸易。外国的货物第一次畅通无阻地进入中国市场，而中国的商品也开始对外出口。开明的对外政策间接地促进了中国的工业发展，这其中也包括瓷器制造业。瓷器制造业开始显现出令人鼓舞的发展与提高。瓷器成为一种重要的商品，这标志着中国瓷器走向外销的新时代的到来。瓷器在当时主要有以下用途：一是被当作礼品赠予外国的权贵，二是用于支付外国贸易港口的通关税，三是作为等价物代替货币交换外国商品。

中国与外国的往来在宋朝特别是南宋时期持续发展，统治者继续实行开放政策。不仅外国商人推动了贸易的发展，中国本土的商人也参与其中。公元13世纪中期，中国对外贸易水平日益提高，并完全由中国商人掌控。随后的元朝和明朝也继续实行开放的贸易政策。明朝时，中国的对外贸易随着公元1405—1433年郑和下西洋而走向鼎盛。

开放的对外贸易给中国的工业带来了巨大的影响。瓷器工业不断发展，并经历了突飞猛进的变化。产品的品质和数量都得到了提高，瓷器的流通范围也更为广泛，不仅仅在东南亚地区，而且远销南亚、中东、非洲和欧洲等地。因而，在文莱境内的各个考古遗址中出土了大量这一时期的中国瓷器，其中以特鲁桑古邦遗址和哥打巴都遗址最为突出。

特鲁桑古邦遗址

特鲁桑古邦是文莱境内的一处重要的考古遗址。据估计，其起源可追溯到公元10—13世纪。它距离文莱首都斯里巴加湾市约5公里。特鲁桑古邦是公元10—13世纪的一处重要居住地，而在随后的公元14世纪至17世纪，哥打巴都逐渐崛起。

1974年，特鲁桑古邦开始引起文莱文化青年体育部博物馆司考古处的关注，因为此地出土的几块外国瓷器碎片被送往该部门进行研究。而对特鲁桑古邦遗址的文物采集和保护工作于同年展开。截至1977年，此处出土的外国瓷器和当地黏土陶瓷碎片已达数万件。在1977年末至1978年初进行的发掘工作中，考古人员在三个挖掘区域中成功提取了2329件瓷器碎片，其中大部分为产于公元12—13世纪的中国宋朝瓷器，还有少部分中国明清瓷器以及公元15—19世纪生产的欧洲瓷器。

1995 年，仅两个工作日的时间，考古人员就从特鲁桑古邦遗址中采集了 1364 件瓷器文物，其中 1306 件外国瓷器、58 件文莱本土瓷器。在此次出土的外国瓷器中，约 95% 是公元 12—13 世纪生产的中国瓷器，剩余的则是 14—17 世纪生产的中国瓷器和 19 世纪生产的欧洲瓷器。1999 年 10 月 13 日至 23 日，考古人员再次对特鲁桑古邦遗址进行了发掘，共采集了 3035 件瓷器碎片，其中中国宋朝的瓷器共 2648 件，占总数的 87.25%；其余的一小部分为中国元朝和清朝生产的瓷器。这些出土的瓷器主要是青瓷、白瓷、青白瓷、灰白瓷、绿瓷、黑瓷、金属釉瓷器。

特鲁桑古邦遗址中出土了公元 12—13 世纪的中国瓷器。这是文莱境内出土时间最早的中国瓷器。这一发现清楚地显示了文莱与中国之间贸易关系的确立。根据公元 1226 年赵汝适的记载，许多商人前往文莱用金、银、丝绸、玻璃、串珠、锡、铅块、象牙镯、木制碗盘、青瓷等商品交换当地的产品。其中记载的青瓷是指表面呈绿色或淡绿色的陶瓷，如青瓷、龙泉瓷、越窑瓷以及涂有绿色釉质的瓷器等。这些类型的青瓷在特鲁桑古邦遗址中大量出土，其中大多产自公元 12—13 世纪的中国宋朝。本文将主要讨论其中的三种，即越窑瓷、青瓷和龙泉瓷。

1. 越窑瓷

越窑瓷是特鲁桑古邦遗址中出土数量较大的一种瓷器。越窑瓷主要产于浙江越州窑。中国的其他地区，如广东和福建也产越窑瓷。在越州，有 20 多座瓷窑生产这种瓷器，其中上林湖窑和滨湖窑是两个重要的生产中心，其产品质量上乘。而在广东和福建地区，生产越窑瓷的窑口主要有公元 10—12 世纪的广东西村窑、笔架山潮州窑和唐末宋初的广东笔架山窑、福建同安窑及熙春山窑等。在这些窑口中，同安窑与文莱境内出土的越窑瓷关系最为密切。二者之间的共同点在于颜色，都是釉色绿中泛黄，并都用刻花或划花的装饰技法。

越窑瓷制品品种繁多、形状各异，如碗、碟、盘、花盆等。越窑瓷内壁常以刻花、划花及锥刺等手法做出以植物、云彩、鸟等自然之物为主题的纹饰，间以篦齿状工具锥刺出的篦纹，其形状多为波浪、云彩、线条等。越窑瓷的颜色也是多种多样，如青黄色、青灰色、灰白色、玉色等。

2. 青瓷

特鲁桑古邦遗址中也出土了大量的青瓷。青瓷的制造始于北宋时期，南宋时期其制作工艺得以提高。与越窑瓷相比，青瓷制作精良，达到了瓷器制作的巅峰，超越了在此之前出现的各类瓷器。因此，青瓷不仅在中国市场上大受欢迎，在包括文

从文莱深海中打捞上来的陶罐

莱在内的国外市场上也十分畅销。

青瓷的独特之处主要在于它经精工细作而成的富有魅力的青色色泽以及坚固细腻的质地，品类繁多的制品。青瓷制品主要有大小各异的碗、碟、盘、花盆等。青瓷的主产地为浙江、广东和福建。其中两个重要的青瓷窑口是广东笔架山窑和福建熙春山窑。福建的同安窑、南安窑、泉州窑、厦门窑、德化窑以及浙江武义窑等窑口也都出产青瓷。青瓷颜色多样，有青灰色、青白色、黄绿色等。

3. 龙泉瓷

特鲁桑古邦遗址中也出土了大量的龙泉瓷，其生产时间约为公元12—13世纪。龙泉瓷创烧于公元1080年，当时中国正处于北宋时期。龙泉瓷的制作工艺在南宋时期得到提高。元朝时，龙泉瓷继续出产，但这一时期的生产重点集中于针对国外市场的、尺寸较大的瓷器。明朝时期生产的龙泉瓷品质开始下滑，并且受到了青花瓷的巨大冲击（青花瓷是一种自明朝开始进入鼎盛发展期的瓷器）。

龙泉瓷质量上乘，胎质细腻，纹理优美，釉彩浓厚饱满，透光性好，色泽晶莹，温润如玉。龙泉瓷拥有变化多样的青色，如青灰色、青蓝色、橙青色、青粉色、苹果绿以及橄榄绿等颜色。龙泉瓷的特点是底足处呈赭红色，这是由于烧制过程中氧化物的作用使没有上釉的地方呈现红颜色。龙泉瓷质地坚硬，因为它是在1180—1280℃的高温下烧制而成的。其制品主要有圆锥形的碗、浅口平盘、尺寸较大的碗、盘子，搁置东西的三脚架、封口瓶以及花盆等。龙泉瓷制品大多没有雕刻花纹，即使有，通常也是在瓷器中部采用压制的技法刻有对鱼或花卉等装饰图案。另外，印花技法也应用于龙泉瓷的花纹制作之中，较为常见的图案是莲花和鱼。

龙泉瓷主要产于中国南方，如福建。福建同安窑是龙泉瓷的产地之一，此处生产的龙泉瓷，其颜色多为淡绿色、橙青色、青粉色以及青灰色，图案多是采用压制技法制作而成的对鱼和花卉图案。同安窑生产的龙泉瓷与在特鲁桑古邦遗址出土的龙泉瓷有着许多相同的特点。由此可以推断，此处出土的龙泉瓷很有可能是从同安地区出口到文莱的。

哥打巴都遗址

哥打巴都是文莱重要的考古遗址之一，位于文莱河畔，距离文莱湾约 3 公里，距离首都斯里巴加湾也不过 5 公里左右。公元 14—17 世纪，哥打巴都曾是文莱的首都。同时，它也是东南亚地区一个重要的商贸中心，是外商云集之地，这其中包括许多中国商人。

哥打巴都占地 120 英亩。它被划分为 3 个主体区域：山地、丘陵和河畔平原。丘陵区域和河畔平原是当地人主要的居住区，而山地就鲜有人居住了。丘陵地区是王公贵族的居住区；河畔平原则是平民百姓安家落户的地方，同时也是市中心。公元 1521 年，安东尼奥·皮加费塔在其航海日志中记述了文莱的概貌："整个文莱城建于水上，除了皇宫和达官贵人的居所。其人口大约 2500 户。木制房屋拥有高脚柱，使其可以立于水中。每逢涨潮时分，文莱女子就会使用小船作为交通工具，挨家挨户地贩卖她们的商品。"

作为商业中心和行政中心，哥打巴都不仅成为当地人的聚居地，也吸引着各国商人齐聚此地，以便通商和贸易。商人们来此一方面是为了购买当地的货物，另一方面也是为了在当地市场销售自己的商品。公元 15、16 世纪是哥打巴都的辉煌时期。当时，它是东南亚重要的商贸中心和伊斯兰教传播中心。1511 年马六甲被葡萄牙人占领后，哥打巴都的地位就变得更加重要了。大批来自马来群岛、东南亚和中国的商人来此经商。在西班牙人 1578 年的记载中，哥打巴都是一个拥有多元民族居民的全球性的港口城市，其中包括中国人、交趾支那人（越南人）、暹罗人、北大年人、彭亨人、爪哇人、苏门答腊人、亚齐人、马鲁古人、苏拉威西人和棉兰老岛人（菲律宾人）。

公元 15、16 世纪，名扬万里的文莱获得了许多国家的认可，尤其是来自中国的认可。通过公元 1405—1425 年间的互派使节和相互往来，中文两国的友好关系日益密切。与 10—13 世纪特鲁桑古邦作为商业中心时不同，这一时期两国间的经贸往来发展得更加迅速。当时，商贸对于文莱的存亡有着至关重要的作用。因此，外国商人特别是中国商人的参与是十分重要的。他们使中国的商品得以广泛传播，特别是在哥打巴都及其附近地区。中国商人对于将当地商品贩卖到其他地区也作出了巨大贡献。

在外国商人尤其是中国商人带来的商品中，瓷器占了绝大部分。哥打巴都地区的瓷器同特鲁桑古邦地区的瓷器有着明显的不同，尤其是在色泽和雕刻的花纹方面。在这些瓷器中，最著名的要属青花瓷，这种瓷器盛产于元代，在明代工艺不断提高。在讨论"文莱沉船"之前，本文将略微对青花瓷作一些介绍。"文莱沉船"和哥打巴都遗址以及中文两国商贸关系都有着密不可分的联系。

哥打巴都的中国瓷器

瓷器是哥打巴都不可分割的一部分。瓷器是哥打巴都遗址中发现最多的历史文物。正是由于瓷器，这一遗址才被世界知晓并扬名至今。哥打巴都遗址的发现可以追溯到1951年，当时的文莱财政部长丹尼斯·川姆（Dennis Trumble）阁下把采集来的大量瓷器交给沙捞越博物馆以便进行研究。1952—1953年间，哥打巴都遗址的文物发掘工作首次展开。当时，除其他一些文物之外，共发掘出了44641件陶瓷残片和35058片釉瓷残片。此次发掘的成果证明哥打巴都是一个重要的遗址，需要有关方面长期给予关注和重视。

哥打巴都地区进一步的文物发掘工作开始于1967年。当时，该遗址已经公布在《1967年考古及文物声明》当中。1968年，在哥打巴都地区一处水管建筑工程现场，又有多达6230件瓷器残片被发掘出来。1978年末至1979年初，随着文物保护工作的进行，从哥打巴都另一处遗址中采集到了28214块瓷器残片，其中包括9899块石质瓷器、8515块青花瓷、6737块陶片、1241块泰瓷、947块青瓷、426块越南瓷，以及其他地区的瓷器426块。

在1979年的发掘工作中，哥打巴都遗址中又出土了578块瓷器残片，其中中国瓷器354块、泰国瓷器145块，还有79块当地陶片。1988年，202块残片在长达两周的发掘研讨会期间被相继发现，其中绝大部分产自中国，只有一小部分来自泰国以及本地。1989年，在第六届东盟考古及文物保护研讨会举办期间，811块瓷片被挖掘出来，这次几乎都是中国瓷器，其余来自越南、泰国和本地，以及欧洲和高棉。

哥打巴都遗址最后一次发掘工作于1995年四五月间进行，出土多达5365块瓷器残片，其中3980块是外国瓷器，另外1385块则为本地和外国陶片。在外国瓷器中，主要是石质瓷器，多达1535块，还有青花瓷（1062）、白瓷（488）、青

文莱河畔出土的陶瓷器残件，底部留有中文字样。

瓷（337）、龙泉瓷（271）、泰国宋卡洛瓷（195）、越南瓷（57）和素可泰瓷（24）。在这些陶瓷中，近80%的瓷器来自中国，只有少量来自泰国和越南。

直至今日，无论是在陆地还是在河畔，哥打巴都遗址中仍旧不断发现新的瓷器。这些瓷器文物的发现说明，瓷器在当时已为当地居民所广泛使用。外国瓷器，尤其是中国瓷器被认为是高质量的日常生活用品之一，如用来作为盛放水、食物、腌渍物及药品的器皿。以下，本文将重点介绍哥打巴都遗址中大量出土的中国青花瓷。

青花瓷

在漫长的制瓷历史中，没有一种瓷器可以与青花瓷巧夺天工的工艺和四海皆知的名气相提并论。青花瓷不仅畅销中国市场，同时也获得了来自世界各地的购买者的青睐。青花瓷的制造工艺为各国争相效仿，如日本、越南和欧洲。

青花瓷胜在其鲜艳的色泽和优美的图案。氧化钴的使用使其烧制成型后的蓝色十分亮眼，同时也使得瓷体本身的白色更为吸引人。在青花瓷之前乃至之后的瓷器中，没有任何一种瓷器可以与之媲美。瓷器身上的雕花，包括花草、鸟兽和自然景观，构图样式十分丰富，深受外国人喜爱。因此，青花瓷大量传播于世界各地，如东南亚、南亚、中东、非洲和欧洲。

青花瓷初产于元代末期，然而在当时，青花瓷的生产还没有达到较高的水平，生产规模不大。到了公元 14 世纪末直至 15 世纪，青花瓷生产到达顶峰。

青花瓷大量产于江西省。景德镇是青花瓷最重要的产地之一。当时，它是中国最大的产瓷中心，不仅为中国国内尤其是宫廷提供瓷器，还向海外市场输送瓷器，包括文莱。除了景德镇，中国南方其他省份也出产青花瓷，如福建、广东和浙江。这几个省出产的瓷器品质较低，工艺比较粗糙，通常销往国内及东南亚地区。其中一个窑口是位于广东东部的汕头窑。16 世纪早期生产的汕头瓷遍布东南亚地区，包括文莱的哥打巴都地区。其他出产并外销的青花瓷窑口多分布于福建地区。其中最重要的是德化窑、安溪窑和永春窑。

哥打巴都遗址出土的瓷器中，最多的是青花瓷，约占 60%—70%。此外，还有青瓷、龙泉瓷、白瓷以及泰国和越南的瓷器。哥打巴都地区发现的青花瓷，估计产于 15 世纪末至 16 世纪中期，正值中国青花瓷生产的鼎盛时期和中文关系密切发展的时期。虽然早在 14 世纪青花瓷就开始生产了，但这一时期的青花瓷却鲜少在中国之外发现，包括文莱。当时明朝政府实行闭关锁国政策，在 1436—1465 年间关闭了景德镇多处窑口，这导致 15 世纪早期和中期的青花瓷极少出现在外国市场上。这种空缺，使得其他国家尤其是泰国和越南的瓷器作为中国瓷器的替代品，进入世界市场以填补空白。因此，泰国和越南的瓷器开始进入世界市场是在 14 世纪后期。虽然在 1465 年后景德镇恢复了生产，而且明朝的闭关锁国政策也于 16 世纪中期结束，但泰国和越南的瓷器仍在国际市场继续销售，直至 16 世纪末期。随后，三个国家为争夺市场而展开了竞争。从考古文物的角度来说，这种竞争可以从东南亚一些考古遗址中三国瓷器并存的局面看出来，正如哥打巴都遗址一样。

与哥打巴都地区不同，特鲁桑古邦地区出土的外国瓷器，95% 来自中国，只有一小部分是 14 世纪后期到 19 世纪的欧洲和泰国瓷器。这种情况的出现，主要是因为在 12—13 世纪，中国的制瓷技术无人可比。没有竞争对手，使中国成为东南亚国家唯一的瓷器供应商，正如特鲁桑古邦遗址所反映的情况一样。但是，从 14 世纪起，特鲁桑古邦逐渐走向衰落，哥打巴都兴起，取而代之成为文莱湾的新力量。特鲁桑古邦逐渐被遗弃，仅留下一小部分居民。从考古文物的角度，该地区仅出土了一小部分 14—19 世纪的文物，而哥打巴都地区则出土了大量这一时期的瓷器。出土文物的数量悬殊，便可证明特鲁桑古邦地区的衰落。

"文莱沉船"及其对研究文中商贸关系的意义

"文莱沉船"是在文莱境内发现的第一艘沉船，也是唯一一艘。它是文莱考古研究史上最重要的考古发现。1997 年 5 月 24 日，一家石油公司在海上进行物理测量时，意外地探测到了这艘沉船。沉船位于离岸 32 海里处，水深 63 米。后来，在沉船中发现了多达 14000 件年代约为 15 世纪末 16 世纪初的文物，包括瓷器、串珠、铁器、铜器、锣、手镯、石器和象牙。其中 95% 为瓷器，如瓷碗、瓷盘、瓷碟、瓷瓮、瓷瓶和瓷缸。大约 60% 的瓷器来自中国，35% 产自泰国，还有 5% 来自越南。

沉船的发现被认为是证明文莱在古代国际贸易中起着重要作用的证据。此前，文莱一直没有发掘出足够多的考古物证来证明其曾在古代世界贸易中发挥重要作用。"文莱沉船"无疑是到此进行贸易的外国商船之一。值得注意的是，沉船的年代正值文莱作为东南亚强盛势力的辉煌时期。当时，文莱还是一个重要的商业中心和国际贸易中的重要港口，文莱港口成为本国商品的集散地以及国外商品的批发地。

下文将尝试分析"文莱沉船"上的瓷器，并说明其与文中贸易关系的联系。

"文莱沉船"上的瓷器

在"文莱沉船"上，发现最多的文物是瓷器，生产日期大约为 15 世纪末至 16 世纪初。几近一半的瓷器是产自中国，剩余的来自越南和泰国。这些瓷器品种繁多，如青花瓷、白瓷、青瓷、宋卡洛瓷和越南瓷。

"文莱沉船"上发现的中国瓷器与文莱本土出土的瓷器，特别是在哥打巴都出土的瓷器有着很多共同之处。这些相似之处主要体现在种类、形状、花纹、颜色和釉质等方面。以花朵图案的雕刻为例，都有向日葵、山茶花、莲花和牡丹等图案。其他相似图案还包括一些植物或动物的图案，如麒麟、龙、孔雀、马、鱼、鹿和鸭子等。瓷体的蓝色也显示出明显的相似性，呈现浅浅的灰蓝色，并且用色均匀。多达 5000 个此种瓷器在"文莱沉船"上被发现，共有 15 种形状。其他的白瓷、青瓷、泰国瓷和越南瓷等，也与文莱境内出土的瓷器相同。这些共同之处说明，这些瓷器产自同一个时期。

"文莱沉船"和哥打巴都遗址有着怎样的关联呢？从年代的角度来说，毋庸置疑，二者之间存在着紧密联系。此艘沉船的目的地是文莱还是其他地方？从沉船的位置来看，离文莱相当近，距海岸仅 32 海里。这艘船很有可能就是在前往文莱的路上沉没的。需要提及的是，除了哥打巴都，至今还没有其他同一时期的考古遗址在婆罗洲北部被发现，无论是在沙巴还是沙捞越。就此而言，"文莱沉船"很可能就是要驶向哥打巴都港口，而非他处。

"文莱沉船"的类型和来源

"文莱沉船"是什么类型的船？它来自哪个国家？发现的瓷器碎片分别来自中国、泰国和越南，是否意味着沉船来自这些地方呢？这非常难以确定，尤其是在沉船地点没有发现船只的建造材料。因此，被发现的瓷器就在这方面起着重要的作用，同时还应借鉴东南亚或中国有关航海历史的记载。

有推测认为，"文莱沉船"是中国的帆船，而非泰国或者越南的船只。根据东南亚航海史的记载，中国直到公元 8 世纪才拥有较高的航海技术。那时，辽阔的海域完全被来自南亚和中东的商人所控制。尽管如此，到了宋元两代，这个传统局面开始发生改变，中国人不但在南海上拥有了高超的航海技术，同时也在商业的舞台上击败了阿拉伯人和波斯人。元朝时，政府提供商船和资金，鼓励本土商人到国外经商，70% 的利润归政府所有，30% 属于商人自己。到了明朝，中国拥有了世界最顶尖的航海技术，并被包括欧洲国家在内的其他国家争相效仿。

与中国相比，越南和泰国并不具备突出的航海技术。对于越南来说，有三个因素导致其在世界航海领域和国际商业上远远落后于中国：缺乏航海专家，缺乏能够进行远洋航行的船只，以及政府为了避免税收损失所采取的海禁措施。这些导致了越南的航海以及贸易完全被外国商人所控制。17世纪早期的荷兰文献记载，在14世纪，来自爪哇的商人从越南的港口将越南瓷器和其他商品销往马来群岛地区的各个码头。此后的一个世纪，在越的中国商人将越南商品销往东南亚，穆斯林商人则将越南商品销往中东地区。

泰国同样在国际航海领域远远落后。尽管大城（Ayuthaya）在13—15世纪是泰国湾的一个重要港口，但是直至大城王朝巴萨通国王（Prasat Thong）统治时期，泰国都没有强大的船队。虽然在这之后泰国建立了皇家舰队，但海上贸易仍然受到来自中国、日本、南亚和欧洲的航海家的掌控。学者崔西和拉伊德认为，泰国人只擅长内河航行。

中国从公元10世纪开始就在航海方面处于世界领先地位。马可·波罗记载，在公元13世纪，中国的船只已经拥有多个船舱，以供不同的商人使用。船上的工人多达150—300人。这些船与欧洲的船相比，能装载更多的货物。每艘船大约能装5000—6000筐白胡椒粉。在福建的泉州港，他曾看到过拥有4张帆和不少于60个船舱的大船。阿拉伯旅行家伊本·白图泰（Ibn Battuta）曾经记录下他于14世纪在印度港口目睹的先进的中国商船。他认为，那是当时最好的船，比阿拉伯的船只更先进，可以逆风行驶，拥有巨大的船帆并可以容纳1000多名乘客。

如果"文莱沉船"是一艘中国船，那上面为什么还有来自越南和泰国的商品呢？很大的可能性是这艘船是从泉州或者广州出发的，在驶向东南亚大陆之前，穿过南海到达文莱。从唐朝直至明朝，泉州和广州都是中国重要的港口。来自中国各地的商品，如景德镇、广东、福建、浙江的瓷器聚集于此，并从这两个港口销往国外。船只出发以后，沿着东南亚的整条海岸线航行。由于航行时间较长，这些商船通常会在沿途港口短暂停泊，修理船只，补充食物和饮水，同时还可以就地进行贸易。"文莱沉船"很有可能曾经在越南及泰国停留，船上的两国瓷器就是很好的证明。尽管如此，船上的中国货物仍然占总数的 60%，泰国和越南的瓷器分别占 35% 和 5%。

从公元 1 世纪开始，就有几条航道经常被往来于东南亚和中国之间的商人们使用。最早的航道是连接中国和中南半岛、东南亚群岛的西航道。这条航道大约在公元 1 世纪，也就是在中国汉朝年间就开始使用了。14—16 世纪，共有 6 条从中国进入东南亚、南亚、中东、非洲和欧洲市场的贸易航道。文莱处于第一条航道上。这条航道从中国南部开始，连接越南、暹罗湾、马来半岛、菲律宾、婆罗洲的各个港口以及位于爪哇的杜班（Tuban）、锦石（Gresik）、扎巴拉（Japara）和淡目（Demak）等港口。这一区域贸易的飞速发展，带动了一些有影响力的港口的出现。这些港口不但是商业中心，也是地区行政中心。在文莱，哥打巴都港口于公元 14—17 世纪成为北婆罗洲的行政及商业中心。

结 语

根据考古学的研究，文莱和中国的友好关系被证实开始于中国唐朝末期，这种友好关系在宋朝得到发展，在明朝不断提升。两国之间的亲密关系可以从文莱各处考古发现，如特鲁桑古邦、哥打巴都和"文莱沉船"出土的大量中国文物得到验证。

　　两国之间的友好关系从 17 世纪开始逐渐遭到破坏，因为当时文莱面临着不少内部问题，如西方的入侵、海盗的进攻以及内战。这些问题导致文莱国内局势不稳，并间接影响到文莱与其他国家包括中国的贸易。石碑铭文记载，政治混乱导致文莱国内的困境，而外国船只被禁止进入文莱河口进行贸易。从考古学角度来看，文莱全国各处的考古遗址中鲜少发现 17 世纪的中国商品，这就是证明。哥打巴都出土的明末清初的瓷器，要远远少于明朝中期的。

　　17 世纪末，文莱的行政中心从哥打巴都迁往文莱河上游 12 英里外的新行政中心。弗雷斯特指出，1780 年文莱和中国之间的贸易仍在进行，但是规模十分有限。中国的商人到文莱收购当地的货品，如黑木、樟脑、藤木、松香、肉桂、龟壳和燕窝。

18世纪，文莱的势力继续衰弱。至18世纪末，文莱的领土只覆盖沙捞越及沙巴的一部分。到了19世纪，文莱的领土进一步缩小到今日的规模。中国和欧洲的商船不再停泊文莱，文莱只与坤甸、丁加奴、廖内、林加和马六甲进行贸易。19世纪中期，新加坡港口的建立进一步加剧了文莱的衰弱。文莱港只与苏禄、婆罗洲西部、马来半岛东部进行贸易。那时，中国的商船再也不到文莱的港口。

但是，文中关系在20世纪有了良好的发展，尤其在文莱1984年独立之后更进一步。两国于1991年建立外交关系。今天，我们感到十分荣幸，可以一同庆祝两国建交25周年，希望两国之间的友谊地久天长。更多的学术领域有待我们去开拓，只有通过深入细致的研究，我们才可以清楚阐述两国之间长达1500年的交往。

在结束这篇文章之前，我想谈两个值得我们关注的考古项目，无论对文莱而言，还是对中国来说都是如此。第一个是中国皇帝在公元1408年赐予文莱政府的石碑，这个石碑据说是在中国刻制之后运送到文莱，并立在文莱城的后山上。可以确定，这块石碑位于哥打巴都，也就是公元14—17世纪的文莱故都。我希望能使用现代化的尖端设备进行联合探测。如果能找到这块石碑，将是世纪性的发现，毋庸置疑，它将是文中友好历史关系的有力证明。我还想谈一下1408年驾崩于中国的文莱国王的墓，应该对此进行更深入的研究，比如进行考古发掘。科学性的研究是必需的，例如进行DNA测试以确定死者的基因以及其来源。

杨新华：中文文化交往的友好使者

徐宛芝

（中国江苏网记者）

1984 年，杨新华从教育系统调到南京市雨花台区文物事业管理委员会，开始从事文物保护和管理工作。多年来，他热爱本职工作，刻苦钻研业务，善于学习，不畏艰苦，对本地区的文物进行普查、建档立志，并利用业余时间著书立说，努力进行学术研究，取得了显著成绩。1992 年，他担任雨花台区文化局副局长。1998 年，他被任命为南京市文物局副局长。期间，他曾两次赴文莱与同行交流，出席座谈会、研讨会、鉴定会，并且代表南京市文物局与文莱国家文物局签署了友好文化交流备忘录。从此，他结下一段与文莱的不解之缘，成为一位名副其实的中文文化交往的友好使者。

因国王墓而结缘文莱

在南京安德门外石子岗乌龟山南麓，有座著名的浡泥国王墓，这是明朝年间中国和文莱两国友好往来的见证。历经 600多年历史风云，浡泥国王墓从"遗迹皆渺不可寻"，到如今修缮完备成为一处著名景点，也承载着江苏与文莱的不解之缘。

如今，年过六旬的杨新华，已经从南京市文物局退休。他的身体不是很好，2014 年做过一次大手术。可一谈起浡泥国王墓，杨新华就神采奕奕，向记者讲述了因此与文莱结缘的难忘经历。

据史料记载,永乐六年(1408年),浡泥国王携妻子、弟妹、子女、陪臣共150多人来中国进行友好访问,同年十月病故,年仅28岁。国王留下遗愿:体魄托葬中华。明成祖以王礼埋葬,谥恭顺王,建祠祭祀。浡泥国王墓于1958年被发现,后又发现了埋在土中的残碑,碑文可补明史之缺。

　　1984年5月,杨新华调到雨花台区文物局,参与全国第二次文物普查。当时,雨花台区范围很大,但文保单位很少。杨新华和同事王梅影靠着自行车和两条腿跑遍了全区。"我们背个小包,包里放着水杯、几个烧饼和一个笔记本,一跑就是一整天。"杨新华说,浡泥国王墓在发现后简单修过一下,但几十年里一直处在荒草丛中,这次普查后,他们决定把浡泥国王墓确立为重点保护对象。

　　然而,当时中国和文莱并没有建交,国内能找到的文莱相关文章很少,这让研究和保护浡泥国王墓困难重重。"我对文莱也并不了解,但莫名就有缘分。"杨新华说,在没有从事文物工作时,他就曾经把报纸上20多篇介绍文莱的小文章裁下来保留,后来又去图书馆翻阅资料,查到苏联出的一本关于文莱的书和明史等各个版本的史书。在此基础上,1991年5月,杨新华编著出版了《浡泥国王墓探源》。他谦虚地表示:"这算是我凑合的一本书,因为大多是历史资料,对文莱现实的东西几乎一无所知。我也是希望能借着这本书,从社会上获取更多有关文莱的资料。"

　　让杨新华没有想到的是,这本书的影响很大。1991年9月30日,中国和文莱正式建交。后来,中国首任常驻文莱大使刘新生在上任前专程到南京拜访杨新华,请教他有关文莱的问题。杨新华把《浡泥国王墓探源》送给了大使,刘新生说:"这是我第一本了解文莱的教科书。"

护送神道碑去文莱

建交后，文莱和中国的交往逐渐增多，除了在北京商讨国事，文莱的代表团都要来南京，拜谒浡泥国王墓。不过，当时因为中文建交引起了西方人士的恐慌，有人散布关于浡泥国王墓的谣言，有说这个墓是假的，也有说当时的国王不是病死而是被毒死的。"1994 年，文莱方面派了他们的历史中心主任佩欣·贾米尔来南京，他是文莱的历史权威，他的态度非常重要。"杨新华回忆说，当时对方要求提供碑文拓片，由于他们只在南京待两三天，杨新华国庆节都没有休息，和同事把拓片做好给对方带回文莱研究。他的努力没有白费，1995 年，在南京举行的郑和下西洋研讨会上，佩欣·贾米尔公布了文莱的研究结论，驳斥了那些谣言，确定了浡泥国王墓的历史地位。

陈列在文莱历史中心的浡泥王墓神道碑（复制品）

而后，应佩欣·贾米尔的邀请，南京文物局派出三人护送浡泥国王墓神道碑的复制品到文莱，将其与历任文莱苏丹墓碑并列存放在文莱历史中心。作为长期关注和研究文莱的学者，杨新华终于有机会拜访这个与他颇有缘分的国家。浡泥国王墓神道碑向文莱公众展示，在当地产生了积极反响。中国技术人员走在街上、进出店铺，经常听到人们在议论，所到之处，都受到特殊礼遇。"文莱人很热情，得知我们是中国来的，对我们特别友好。"杨新华说起当时的一个插曲：刚到文莱时，还没来得及换当地的货币，所以没有钱吃饭。他随身带了点方便面，不料文莱这个热带国家没有热水，水都是可以直接饮用的凉水。"当时我们住在首都饭店，服务员得知我们这个情况，直接给我们送来了饭，都不收钱。"

这次访问文莱，杨新华也遇到了通信多年的文莱大学饶尚东博士。他们一起去看了文莱河爱丁堡桥畔的中国宋碑，并合影留念。"我们开车去的，一路上都在唱中国的歌，比如《花儿为什么这样红》《洪湖水、浪打浪》等。"杨新华得知，电影《刘三姐》在文莱影响很大，放映了好多遍，许多观众都会唱其中的歌曲。

再赴文莱商谈交流

2004 年 4 月，杨新华第二次来到文莱，代表南京市文物局与文莱国家文物局签订了"合作共识"：（1）以纪念郑和下西洋 600 周年、中文建交 15 周年和古淳泥国王苏丹玛吉德哈桑逝世 600 周年为契机，成立一个联合工作小组，筹备上述纪念活动，以加强中文交往。（2）加强在档案、图书、文献、地图和其他相关资料方面的交流。（3）加强在考古、文物保护和修复、档案和其他领域的互惠合作。（4）加强展品交流，双方均要朝着为古淳泥国王苏丹玛吉德哈桑修建展厅、提供展品努力。（5）交换两国关系文物复制品，具体细节由双方稍后商定。

杨新华（左）与文莱文物局官员签署《南京与文莱文化交流合作谅解备忘录》。

杨新华回忆说："正好他们当时拓宽河道，在文莱河支流河岸发掘出大量的瓷器碎片，我们专家看过，大多是宋瓷，这是中国和文莱友好交往的又一例证。"而杨新华也将这种友好交往延续了下去："我给他们带了云锦大红披肩，他们披上就不拿下来了，都说太好看了！"他还深情地说，在文莱访问期间，"又一次感受到了文莱人的友好，他们对我们真是非常尊敬"。杨新华一行去参观王室博物馆，这里一般都要求脱鞋入内，但主人坚决不让他们脱鞋，并且由馆长亲自陪同参观，"后来还让我在只有国家元首才有资格签名的纪念册上签名留念，这让我非常意外和感动"。

　　杨新华最后说，为浡泥国王墓所做的一切工作，都让他颇为自豪。如今，两国的友谊又将上一个新台阶，他用自己的亲身经历表示，文化交流是根本，"文莱对于历史非常重视，他们的图书馆、博物馆都非常好，借助这些原始资料的交流，其他一切东西都可以开展"。杨新华正在考虑把自己写的《浡泥国王墓探源》送给文莱博物馆，他说："我也没想到当年手写的黑不溜秋的稿纸，能给我的人生带来这样一段难忘的文莱缘分。"

（此文原载于 2016 年 5 月 3 日中国江苏网，收录时作了修改和补充）

不接触就无法恋爱

——中文关系以及我与文莱的情缘

黄溪连

（中国外交部亚洲司副司长）

在外界眼中，文莱是一个和平富足、风光旖旎的小岛国，犹如传说中的香格里拉，总是蒙着一层美丽而神秘的面纱。作为一名外交官，能够有机会到文莱常驻是幸运的。而我不仅两次常驻文莱，而且亲身参与了中文建交谈判过程，见证了中文从相识、相知到相恋的过程，堪称"多倍幸运"！

2016 年是中国和文莱建交 25 周年。回首往事，历历在目。25 年前，在两国领导人的关心和指导下，中文建立了正式外交关系。25 年后的今天，中文关系已经提升为战略合作关系，各领域交流合作果实累累，成为大小邻国之间友好相处、互敬互助的典范。文莱成为中国在东盟成员国中最亲密的朋友、邻居和伙伴之一。在这一过程中，我不仅见证了中文两个传统友好邻邦重续"前缘"，而且同文莱建立了深厚的个人情缘。

中文自古以来一直保持密切交往，明朝时期两国官方交往达到了高潮，至今南京市郊区还有一座保存完好的浡泥（文莱古称）王墓，即是当时两国高层密切交往的历史见证。近代以来，随着西方殖民势力入侵，两国官方接触中断了数百年。由于长期不相往来，加上意识形态差异等因素，两国之间严重缺乏了解，但一旦接触起来，彼此有着天然的亲近感。

1990 年夏，我被分配到外交部亚洲司工作，主管马来西亚和文莱方向。当时，中国与印尼复交在即，与新加坡建交谈判也提上了日程。而中国和文莱这两个隔海相望的邻国，不仅没有外交关系，而且民间交往也受到严格限制。两国之间的接触主要限于多边渠道。

1991 年 4 月，亚太劳工部长会议和联合国维和行动研究会在北京举行。我被指派为分别来华出席上述两会的文莱财政部副部长达图·斯基纳和外交部常秘林玉成担任联络员，有幸与两位高官及其随行人员朝夕相处，从此与文莱结下了善缘。后来我两次到文莱常驻时，这些老朋友给了我很大帮助。

建交之前，中文双边接触主要通过两国常驻联合国代表团进行。两国外长也曾多次在联合国等多边场合举行双边会晤，就双边关系特别是建交事宜进行探讨。1990 年中国同印度尼西亚和新加坡先后实现复交和建交后，中文建交时机日益成熟。在此背景下，文莱高层作出了同中国建交的正确决断。

1991 年 9 月中旬，林玉成常秘应邀率团来北京举行建交谈判，下榻钓鱼台国宾馆。由于文莱与台湾当局没有"外交关

黄溪连（站立者）与时任文莱外交部常务秘书林玉成先生合影留念。

系"，而且中文双方都能够注意照顾彼此关切，建交谈判进展顺利，很快就谈成了建交公报草案。当时，林玉成常秘还代表文莱政府就中国遭受严重水灾向中国政府捐赠了5万美元。对中方而言，这个捐款数额虽不大，但情义很重，让我们深受感动。我当时参加接待工作，跑前跑后做些杂务。我清楚地记得，结束谈判后，文方人员脸上都露出了轻松的笑容，兴致勃勃地让我陪他们上街购物。

同年9月30日，钱其琛外长在纽约出席联合国大会期间，与文莱外交部长穆罕默德·博尔基亚亲王分别代表两国政府签署了中文建交公报，决定自当日起两国建立大使级外交关系。这标志着中文两个友邻重新续上中断了数百年的友好关系，也意味着中国补齐了在东南亚方向的外交拼版，实现了对东盟所有国家的外交全覆盖，意义重大。

在建交谈判过程中，林玉成常秘多次引用穆罕默德·博尔基亚外交部长的话说，"不接触就无法恋爱"，希望文中建交后，两国友好合作关系能够结出丰硕成果。这个形象的比喻给我留下了深刻印象，因为它道出了两国人民的共同心声，表达了两国人民的殷切期待。中文两国从此开始接触，从相识走向相知，从相知走向"相恋"。

为了照顾文方实际困难，双方在建交谈判中就先建交不建馆达成谅解，并一致同意暂时委任各自驻马来西亚大使兼任驻对方国家大使。尽管如此，建交后两国间官方接触迅速增加，并形成了高层互访的第一个高潮。

1992 年 7 月，国务委员兼外交部长钱其琛应邀对文莱进行正式访问。这是中国领导人首次踏足文莱。时任中国驻马来西亚兼驻文莱大使金桂华陪同访问，我也随同参加了这次访问。钱外长拜会文莱苏丹哈桑纳尔·博尔基亚时，苏丹谈及两国悠久的友好交往，表示文莱首都有一条街道名为"Ong Sung Bin Road"，是两国传统友谊的象征。中方参加会谈的人员都是首次听说此事，不知详情。晚饭时，钱外长询及此事。我出访前查阅档案资料时碰巧看到了相关典故，就怯生生地作了汇报：斯里巴加湾市这条路叫"王总兵路"（也有译为"王三品路"或"黄森屏路"），据后来考证，其命名是为了纪念率领船队到过文莱的明朝航海家郑和的副将王景弘。

后来我到文莱工作期间，还听到一个有趣的民间传说：明朝时期，王三品（Ong Sung Bin）随郑和船队来到淳泥王国，被浡泥王招为驸马，并扎根当地。有一天浡泥王过生日，为表达孝敬之意，驸马吩咐当地仆人宰鸡。在马来语中，"宰鸡"（Bunuh Ayam）与"杀父"（Bunuh Ayah）两个词发音极为相近。仆人误以为驸马要杀死父王，立即报告浡泥王以表忠心。浡泥王勃然大怒，派兵将驸马抓起来并处死。待真相大白后，浡泥王为表达懊悔和纪念，以驸马的名字命名首都的一条繁华街道。这个传说显然不靠谱，而且类似的民间传说还有好几个版本，但归根到底都说明了中文之间悠久的友好交往历史。

1993年6月，文莱外交部长穆罕默德·博尔基亚亲王对中国进行正式访问。随后，文莱苏丹和国家元首哈桑纳尔·博尔基亚于当年11月对中国进行国事访问。这次访问是明朝以后文莱苏丹首次踏足中华大地，在中文关系史上具有历史性意义。在高层互访推动下，两国政治互信明显上升，合作交流不断扩大。在不断的接触中，两国从相识走向相知。

作为新入行的外交人员，能够见证和参与中文建交谈判，我已然缘分不浅。能够到文莱建馆并首任常驻，对我更是未曾想到，让我与文莱缘加一分。

由于建交后双方接触增多，互设使馆的迫切性上升。1993年8月，两国商定在各自首都互设使馆并互派常驻大使。两国元首很快分别任命了大使，即中国首任常驻文莱大使刘新生和文莱首任常驻中国大使阿卜杜拉。由于文莱苏丹即将于11月访华，文莱驻华使馆首先于10月在京开馆。而中方决定在文莱苏丹访华之后即派先遣小组赴文莱建馆。建馆先遣小组名单中本来并没有我。当时我入部已三年多，该考虑出国常驻了，东南亚方向有几个选择。时任亚洲司司长王英凡询及我的个人意见，出于对文莱朴素而朦胧的憧憬，我脱口而出点明文莱。当时我只是说说而已，并不抱太大希望，但不久后惊喜地

接到通知，我被加入了建馆先遣组人员名单。我满怀热忱地投入建馆的先期筹备工作中，从刻馆章到采购建馆物资，忙并快乐着。

11月27日，我们建馆先遣小组一行三人在负责人段增琪带领下抵达斯里巴加湾市。文莱泓景酒店老板洪瑞泉得知我们要去建馆，事先飞到北京找我们"游说"。当时文莱首都高级饭店稀缺，我们经考察后决定将使馆临时设在泓景酒店。建馆初期，我们在文莱人生地不熟，诸事不便。洪瑞泉先生和不少文莱朋友给了我们很多宝贵的帮助，让我们倍感温暖。记得有几次在外面餐馆就餐，有文莱朋友悄悄给我们加点菜，也有文莱朋友干脆帮我们埋单，并且做好事不留名。我们深受感动，从中深切体会到文莱人民对中国人民的深厚情谊。

经过紧张筹备，1993年12月8日，我们在酒店举行了一个简单而隆重的开馆仪式。段增琪临时代办致辞，我主持仪式，另一位同事贾亦工升国旗。我们建馆先遣小组三个人全部上场，刚刚够用！这是一个庄严而神圣的时刻。看着第一面五星红旗在文莱达鲁萨兰国首都上空冉冉升起，我们心中的自豪感和使命感油然而生。

刘新生大使12月26日到任，标志着中文两国友好接触开启了一个新阶段。此后，我品味着初次常驻的新鲜感，享受着斯里巴加湾市的灿烂阳光，体验着文莱人民的友好情谊，在

1993年底，中国驻文莱使馆举行开馆升旗仪式，黄溪连担任主持人。

文莱度过了三年充实而快乐的时光。这三年间，中文之间高层往来不断，各领域接触日益密切。

1997 年初我回到外交部亚洲司工作后，一直主管马来西亚和文莱方向，见证并参与了中文高层交往的第二个高潮。1999 年，文莱苏丹再次访问中国。此后，两国高层往来一起接一起，让关心中文关系的人们惊喜不断。2000 年 11 月，江泽民主席赴文莱出席第八次亚太经合组织领导人非正式会议并对文莱进行国事访问。这是中国国家元首首次访问文莱，具有历史性意义。文莱苏丹向江泽民主席授予了"最珍贵的王室勋章"。两国还签署了《互相鼓励和保护投资协议》《中国公民自费赴文旅游实施方案的谅解备忘录》和《钱皮恩原油长期合同》，标志着两国务实合作进入了新的发展阶段。2001年 5 月，在两国元首的共同倡议下，中文两国政府在北京共同举办亚太经合组织人力资源能力建设高峰会议。中文两国联手举办国际会议、共同推动国际合作，堪称富有意义的外交创举，树立了两个大小国家携手合作的典范。同年 5 月，中国全国人大常委会委员长李鹏对文莱进行正式友好访问；11 月，国务院总理朱镕基应文莱苏丹邀请出席在文莱举行的东亚合作领导人系列会议。中文领导人密集互访，特别是中国三位最高领导人一年之内接踵到访文莱，形成了两国高层交往的空前高潮，这在中国同周边国家的高层交往中实属罕见。可以说，这一时期中文两国从相知走向了"热恋"。

2007 年 7 月，我被任命为驻文莱使馆政务参赞，协助佟晓玲大使工作。再次回到美丽而熟悉的斯里巴加湾市，回到友好热情的文莱朋友身边，我感到十分开心。不久，中国时任外交部长杨洁篪和国防部长迟浩田分别访文，我在接待中深切感受到中文之间亲密而富有成果的高层互动。由于工作需要，我到任 9 个多月后即奉调转到驻美国使馆工作，依依不舍地离开了文莱。此次任期虽然短暂，但让我再次体会到文莱人民的友好情谊，感受到两国友谊与合作的美好前景。在文莱朋友为我举办的饯行宴会上，我动情地说：我与文莱结缘至深，一定还会回来的！此后，我无论到什么地方，一直心系文莱，心系中文关系，与文莱朋友们保持着联系。

2013 年 4 月，文莱苏丹访华期间，习近平主席与他共同决定将中文关系提升为战略合作关系。这一新定位为两国关系未来发展指明了方向，标志着两国关系从此进入了成熟、稳定的发展时期。回顾过去的 25 年，中文关系取得了如此大的发展，可以说远远超出过去数百年之总和。这得益于两国传统友谊打下的坚实基础，得益于两国领导人的精心培育，得益于两国各界人士的不懈努力。

回首建交 25 年历程，感慨良多。中文建交虽晚，但双边关系发展迅速、成果斐然，确实令人欣慰。探讨其中奥秘，我认为关键是相互信任。

中文相互信任是历史积累的产物。历史上，中国和文莱一直和睦相处，从未发生过不愉快的冲突、纠纷或摩擦。因此，两国建交后既没有历史包袱，也不存在悬而未决的现实问题。两国接触从一开始就比较顺畅，只谈友谊与合作，无涉分歧与争议。这两个民族经过数个世纪的睦邻相处，早已在内心深处建立起对彼此天然的安全感和亲近感。这种历史的积淀犹如一片肥沃土壤里的种子，一旦春天到来，只要略加施肥浇水，很快能够滋长出鲜嫩而健壮的信任之芽。中文重新接触后建立的互信，是具有相当历史厚度和时间沉淀的互信。在这种坚实的互信"地基"之上，可以建设高耸入云的中文关系"大厦"。

中文相互信任也是良性互动的结果。对于两个幅员和国力差距悬殊的邻国，即使拜历史所赐彼此存在信任的坚实基础，但在现实交往中也很容易滋生出小国对大国的敬畏感甚至不安全感。有人说，凭中国体量之大，周边国家对华存在疑虑是很自然的。但对于中文关系而言，这种"宿命论"显然存在"例外"。这种"例外"是因为中文两国政府共同致力于互敬互助、和睦相处，而且妥善处理了两国间的分歧。双方坚持互不干涉内政原则，彼此尊重，在交往中既积极推进友谊与合作，又注意把握对方的舒适度。中方一再强调，国家无论大小强弱，一律平等。中国将这种理念忠实地贯彻到对文莱交往中，让文方切身感受到一个大国的宽厚与敬重。在南海问题上，双方总是相互谅解，保持低调，以水过无痕的方式处理分歧。

作为一个正在崛起的大国，中国正经历着"成长的烦恼"。中国致力于以"亲、诚、惠、容"的态度与周边国家打交道，热情地伸出友谊与合作之手。中国不仅希望走进周边，而且期待融入周边。有耕耘就有收获，中国对此心存感激。但仍有一些邻国对中国存在莫名的疑虑，使中国在成长中深感烦恼与无奈。在这种情况下，邻国的信任对中国而言显得很珍贵，这种信任会感动中国，而且会赢得中国的尊重，反过来增进彼此信任，催化友谊与合作。中国在同文莱打交道的过程中，体验到了文莱的信任。正因为如此，文莱不仅获得了中国的信任，而且赢得了中国的尊重。对于东盟个别国家，文莱这个"例外"堪称有益的样板。

2016 年是中文关系的"银禧年"。对于中文关系而言，如果说过去的 25 年是"白银 25 年"，那么未来的 25 年应该是"黄金 25 年"。我坚信，中文关系未来的 25 年将是美丽的季节、丰收的季节，中文关系一定会发展得更实、更深、更远！

在中国的 11 天

——一段短暂却有意义的经历

佩欣·贾米尔

（文莱历史中心前主任）

张 强 译

  中国是世界上最古老的国家之一，已经有几千年的文明，历史漫长，成就伟大。根据历史记载，从古代开始，文莱就和中国有联系。在中国史书和古籍中，文莱被称为"婆利""婆罗"或"淳泥"，后来被称为"文莱"。早在公元 1408 年，文莱国王阿卜杜·马吉德·哈桑苏丹（麻那惹加那乃）就已经来到中国参加明朝皇太子的加封典礼。同年 10 月，阿卜杜·马吉德·哈桑苏丹在中国病逝，遗体葬于南京。

  1958 年，阿卜杜·马吉德·哈桑苏丹的陵墓被南京博物馆的考古专家发现。同年，考古专家用中文公布了这项重大发现，这一消息不久又被感兴趣的人士翻译成英文。现在，这个陵墓被列为保护文物，吸引了大批游客。看到这则新闻，我的心里就产生了去亲眼目睹和了解的愿望。这是吸引和促使我去中国访问的原因之一。此外，我也希望去了解这个国家的现状，将我发现的情况作些比较，以此作为我们民族和国家的借鉴。那些好的经验，我们可以去学习；那些不适合我们的，可以引以为鉴。恰好在 1994 年，一个中国的组织邀请我去访问。带着上述愿望，我和几位文莱的专家学者一起去了中国。和我同行的有哈吉·阿卜杜·拉迪夫·本·哈吉·易卜拉欣、阿卜杜·哈米德·本·哈吉·阿卜杜·贾利尔、哈吉·阿卜杜·卡里姆·本·哈吉·阿卜杜·拉赫曼和哈吉·奥斯曼·本·萨勒哈。

我利用这次机会去参观阿卜杜·马吉德·哈桑苏丹墓，同时也就该陵墓以及其他一些历史问题，尤其是文莱与中国在古代的关系问题，与中国的历史学家进行讨论和交换意见。

在中国期间，除参观阿卜杜·马吉德·哈桑苏丹墓之外，东道主还安排了其他一些参观项目。其中，我们在西安参观了一个清真寺，这个清真寺是在公元742年的唐朝开始修建的。这个清真寺的建造不是一次性的，而是延续了很长时间，在随后的宋朝、元朝、明朝和清朝，修建工作一直在进行。这个清真寺可以说和我以往所见过和参观过的所有清真寺都不同，因为它的建筑风格完全是中国传统特色的。如果不知道内情，光从外面看，我们肯定想不到这里竟然是一个清真寺。

清真寺的墙壁是用《古兰经》的经文书法来装饰的，有30章之多，至今仍然可以辨认。墙上的这些经文将被全部译成中文，翻译工作目前正在进行。清真寺的修缮工作也一直在进行，经费来源主要是公众的捐款，其中大部分是来访者的捐赠。清真寺内的雕刻将中国传统文化和伊斯兰元素有机地结合在一起，吸引了大批来访的游客。

清真寺的面积约有13000平方米，其中不仅有礼拜大殿，还包括一些有专门用途的建筑，例如接待客人的地方、阿訇的住处、信徒学习伊斯兰教知识的场所。该清真寺的阿訇名为马良骥，被尊称为"哈吉·穆罕默德·尤努斯"。他是陕西省伊斯兰教协会的会长，同时还担任中国伊斯兰教协会的副会长。

在南京期间，恰逢星期五，我在南京的净觉寺参加了集体礼拜。该清真寺的伊玛目名为马国贤。礼拜结束后，我们有机会和马阿訇一起座谈，就净觉寺的历史以及伊斯兰教在中国的早期发展等问题进行了探讨。他介绍说，伊斯兰教在中国的传播最初是由阿拉伯人开始的。当然，因为时间的限制，这样的

讨论不可能非常细致。但是，讨论的结果将会成为我们进行相关问题研究的出发点。

在南京期间，我还去参观了前面提到过的阿卜杜·马吉德·哈桑苏丹墓。该陵墓位于一个被称为雨花台的地方。导游介绍说，该陵墓是于1958年5月12日发现的，1981年被列为江苏省文物保护单位。起初，中国的历史学者认为这是加里曼丹（印度尼西亚）国王墓，因为他们认为"浡泥"就是今天的加里曼丹岛。但是随后，在《明史》卷三百二十五中发现了相关记载，证明这是文莱（浡泥）国王墓。他于1408年八月来到中国访问，同年十月病逝。这位国王在中国的史书中被称为麻那惹加那乃。历史学家认为麻那惹加那乃应是马来语中"国王"的汉语音译。据中国史书记载，文莱在古代被中国人称为"浡泥"。导游介绍说，早在历史学家发现这个陵墓前，很长时间以来，在周围居住的许多中国穆斯林就认为这是某位伊斯兰教徒的陵墓，他们在每年的宰牲节和伊斯兰教新年的时候都会来这里扫墓。尽管他们并不知道陵墓的主人究竟是谁，但是他们一直坚信这个陵墓是神圣的。

在通往浡泥国王墓的道路旁，立有一块石碑，高 2.47 米，底部宽 1.10 米，顶部宽 1.07 米。石碑立在一只石龟身上，石碑上的铭文记述了浡泥国王的简要事迹，大意如下：

（1408 年）八月廿八日，秋天，浡泥国王麻那惹加那乃携带贡品前来晋谒（中国皇帝）。经过奉天门，浡泥国王用工整的词句（通过一名翻译）向皇帝叙述说，自己以及臣民生活安定、丰衣足食，却不顾危险，带着妻子和儿女不辞辛苦远渡重洋来到中国，只为了能够觐见天朝皇帝。天朝皇帝对诸邻国均一视同仁，正好比飞禽走兽叫声各异，意义却相通。皇帝下旨在奉天门前设宴款待浡泥国王、王后、王子公主以及随同大臣。次日午后，国王染病。中国皇帝派人为国王治疗，并命人购买上好药材。但出乎意料的是，国王竟一病不起，病逝于南京，年仅 28 岁。临终前，国王嘱咐王后要保持与中国的友好关系，以此报答中国皇帝的恩德。中国皇帝按照国王的意愿将

其安葬在中国。皇帝本人也吊唁三天，表示对浡泥国王病逝的哀悼。

据当地的历史学家介绍，背负石碑的龟传说是龙的第九个儿子，名为赑屃，是幸福平安的象征。中国人认为龟象征着智慧和长寿。

通往浡泥国王墓的道路向前延伸，随后转向右边。在道路两侧，立有各种石像。最前面的是两匹石马，然后依次是两尊马夫的石像、两只石虎和两尊武士像，武士的脸形和鼻子都很像马来人。道路的尽头就是浡泥国王墓的所在。然而，实际上那里仅仅是一片开阔的空地而已，连一个标志也没有，只是人们都说浡泥国王墓就在这里。这是因为根据中国的传统和习惯，不会标明国王陵墓的确切位置，通常只是大略地指向一个地区。

离开浡泥国王墓后，访问团就去参观郑和墓。郑和是中国

古代著名的穆斯林，被皇帝任命为海军统帅，为国家作出了伟大的功绩。中国史书中记载，郑和曾率领船队出访马来亚，先后造访过爪哇、文莱、马六甲、亚齐和其他马来亚地区的伊斯兰国家。回国后，因为郑和的卓越功绩，他成为皇帝信任的大臣，获准居住在皇宫内。在中国，人们都很尊敬郑和，把他当作圣人。据导游介绍，郑和出生在一个名叫穆罕默德·沙阿班的穆斯林世家。

除郑和墓以外，导游还带领我们去参观了其他几个在华伊斯兰教传播者的陵墓，墓主多数来自阿拉伯。其中最著名的是普哈丁的墓园，他于 1275 年去世。

在北京期间，我们参观了举世闻名的万里长城。据说，长城在秦始皇统治时期（前 221—前 209）开始修建，作为防御的屏障。秦之后的各朝都对长城进行了修缮，尤其是在明代（1368—1644）。长城从西面的甘肃起，横穿大陆，直至东面的大海。为了便于历史学者来这里考察长城的重要性，以及吸引游客前来参观和游览，长城的一大部分目前已经被开发为旅游景点，对外售票。

访问团还游览了北京的紫禁城，也就是明清两代的皇宫。紫禁城始建于 1406 年，1420 年竣工。现在，紫禁城已经作为博物馆对外开放，吸引着众多的游客去参观。紫禁城的设计和建筑风格体现了中国传统的艺术特色，这是中华民族所独有的风格。整个紫禁城面积达 72 万平方米，共有约 9000 间房屋。据说，当工程完成后，永乐皇帝就从第一间屋子开始，每天住一间，依次轮换，花了 24 年的时间才住遍了所有的房间。在紫禁城竣工之后的 491 年间，先后有 14 位明朝皇帝和 10 位清朝皇帝在这里居住。宫殿周围建有护墙，高 10 米，全长 3428 米。每天都有成千上万游客来这里参观，门票收入上缴国库。

在中国访问的 11 天（1994 年 9 月 25 日至 10 月 6 日）里，我通过各种会见与座谈获得了许多有关中国社会的第一手材料。从这些材料中，我们可以形成粗略的印象，即中华民族与其他民族有很大的不同，他们仍然坚守着自己的文化。他们没有被其他民族影响，或者说他们仍然坚持着自己的信仰和文化传统，而不为外来文化所动。祖先传承下来的文化是我们珍贵的宝藏，如何保持我们自己传统文化的独特性？中国社会的纯粹性以及他们保留传统文化的坚定性都是可供我们学习和模仿的榜样，或者说，至少给我们提供了一个可资借鉴的例子。

我与文莱王后零距离接触

潘正秀

（中国前驻文莱使馆参赞）

我曾有幸在文莱工作和生活了近5个年头，旖旎质朴的文莱风光、纤尘不染的城市街道、设计精美的民房、谦和有礼的人民，无不让我折服。特别是同文莱王室的交往，更给我留下了难以磨灭的记忆。

尊严华贵，和蔼可亲

文莱是马来穆斯林君主制国家，礼仪与习俗严格细致。新任大使到文莱，向苏丹陛下呈递国书是头等大事。作为新任大使夫人觐见王后，也是必不可少的。

1994年4月20日，即我到达文莱后将近三个月的时候，接到文莱外交部通知，当日下午，文莱王后要在王宫接见我。得到这个消息，当时我是喜出望外。因为我一到文莱，使馆就向文莱外交部递交了我觐见王后与王妃的请求。两三周后，外交部礼宾司通知我去见王妃，但见王后事迟迟未获答复。

为此，我惴惴不安了两三个月时间，因为我是先见了王妃，怕有冒犯文莱王室规矩之嫌，引起不悦。后来，我逐一询问其他驻文莱大使夫人，她们到达后多久获王后与王妃接见，是先见王后，还是王妃的？答复不一，多数在一两个月内能获接见，而且一般是先见王后，后见王妃，但也有例外。某一与文莱关系密切的西方国家大使夫人告我，她抵达后一年才获王后接见，她让我放心，说不会有什么特别原因。但我作为中国首任常驻文莱大使夫人，不能在正常期限内获得王后接见，总觉得还是一件让人闹心的事。主管使馆礼宾交际工作的同志知道我的心情，因此，他在得到通知后，马上当作一个好消息告诉我。他在楼道里吆喝："潘参，王后要见您了！"

那天下午，文莱外交部礼宾司女官员哈里玛小姐首先来到大使官邸，引领我一同前往王宫。王宫专为王后服务的礼宾官在楼下迎接，这位女士叫达丁·罗斯娜，是出生于新加坡的华裔，她是文莱苏丹特别顾问兼内政部长佩欣·伊萨的夫人，在文莱部长夫人中排在最前面，也算是资历最高的。1993 年 11 月文莱苏丹访华时，她与丈夫曾陪同访华。当时，我丈夫已内定出任中国驻文莱大使，我们同时从印尼调回，参加接待苏丹访华。我与达丁·罗斯娜那时便认识了，并成为朋友。当时，

她告诉我她在王宫主管王后有关的礼仪工作，我到文莱后必不可少地要觐见王后，她会在王宫迎接我。因此，我一见到她就很高兴，感到见王后这件事铁定了。她领我上电梯，先安排在电梯出口处的一组沙发上休息片刻，然后进入王后会客厅。我老远就看见王后已站在那里等候。

王后浓眉大眼、白皙丰润，身着一袭制作极其精美的马来衣裙，显得体态窈窕。衣裙的前襟、袖口与下摆处均点缀着各色珍珠宝石，与她颈项、手腕与手指上所佩戴的各式首饰相映生辉，随着她抬手投足而七彩交错、闪光夺目。我顿时感到这位王后的确是尊严与华贵的象征，加上周围侍从济济，更是威仪袭人。

尽管为这次会见我准备已久，但此情此景使我心情还是有点紧张，我心里默默在想："这里可出不得差错！"我自我镇静一番后，往前走了几步，根据当地习俗，稍加停留，再走到王后面前与她握手，并用我在印尼工作时学的几句简单的印尼语（与马来语基本相通），首先向王后打了个招呼："王后陛下，午安！"王后听了，十分惊喜地问："噢！你还会说马来语？！"我又用印尼语答："仅仅一点点。"气氛顿时活跃了，我与王后之间的距离拉近了，我紧张的心情也大大舒缓下来。

我坐定后，王室两名侍从开始招待茶点。我注意到，他们一举一动都有极其严格的招式。她们两手捧托盘，两脚平行缓慢前进，目光向下，首先走到王后面前站定，待王后点头后，再向前走一步，一条腿膝盖着地，另一条腿成直角形跪在王后面前，按照其旨意把几种点心一一夹送到王后的食盘里，再欠身猫腰走到我面前重复一遍。上完点心后，两名侍从起身，先后退三步，转身去取茶水和咖啡，再按上述程序向王后与我分送。我第一次接受别人跪地为我服务，还真是受之不安呢！尽管王后几次盛情地说："请！请！自己来！"我无心品尝点心，只是喝了一杯茶，当时我还是想利用这个机会与王后多交谈一会儿。王后首先问我到文莱多久了，我说快三个月了。王后一听，情不自禁地说："哎呀！我这么晚才见你，真抱歉。"我一听很不好意思，马上应答："王后陛下应酬繁忙，能在百忙中见我，是我最大的荣幸。"这时我想，王后见我较晚，没准是手下人没及时告诉她，中国大使夫人要求觐见。

在半个小时的交谈中，我与王后谈了不少内容。王后问到我的经历、家庭、中国情况和对文莱印象，当问起我的家乡时，我顺便向王后简单介绍了公元 1408 年浡泥（即今日文莱）国王麻那惹加那乃率 150 人代表团访问中国，后客死在当时中国明朝的京都南京，并安葬于南京南郊的史话。我告诉王后，我就出生在那个地区。王后对我说的这一情况很感兴趣，看来，她并不知道这段历史。

在会见结束前，我向王后赠送礼品，王后伸手在礼品盒上触摸了一下，然后我再放到王宫礼宾官双手捧托的御盘内。到此，觐见就算结束，我向王后告辞，并再次感谢王后拨冗接见。通过这次觐见，我发现王后不仅仪态端庄、雍容华贵，而且笑容可掬、和蔼可亲、平易近人。我心中迟迟未获接见的疑团彻底化解了，同时，我也感到由衷的喜悦，因为这毕竟是我到文莱后作为大使夫人的一场重要拜会活动。

彬彬有礼，平等待人

为王后祝寿和为苏丹祝寿一样是文莱一年中的大事，前后

文莱王后陛下（左）
亲切会见中国大使夫
人潘正秀参赞。

要持续个把月。王后生日是 10 月 7 日，各国驻文莱大使夫人当日下午都要到奴鲁尔·伊曼宫祝寿。文莱各妇女组织竞相为王后举行祝寿诵经会和晚宴，赠送生日礼品。

我在文莱的四年多里，虽然每年都有为王后祝寿的活动，但我只参加过一次。因为大使和我都是安排在国庆节后回国休假述职，在国内要呆一个半月左右时间，再回到文莱一般都是 11 月中旬了，无法参加王后庆祝生日的活动。 1997 年 7 月，我们在文莱举行了庆祝香港回归活动，从工作安排考虑，这之后回国休假比较合适。因此，这年 10 月我们在文莱度过，我不仅有机会参加为王后祝寿的有关活动，而且因为我是使团长（在该国任期最长的大使）夫人，还得亲自张罗一些活动的事。

首先组织在文莱的各国大使夫人为王后祝寿，就有不少工作要做。这是我驻外多年第一次碰到。我要向文莱外交部礼宾司提出各国大使夫人到王宫向王后祝寿的请求，递交参加人员的名单，订购赠送王后的花束，到特别为皇家服务的糕点店订制一块特大的蛋糕，准备一份厚重的礼品（我在国内买的丝绸），通知各国大使夫人当日的集合地点和注意事项，组织演练朗诵祝寿辞和唱"祝你生日快乐"的歌曲。

文莱外交部主管礼宾工作的女官员当日前来引领我的坐车前行，其他国家大使夫人的车依序排列，浩浩荡荡有20多辆。街上臣民看到这样的车队，一般都要停步注目观看。当日中午2点15分，我们准时到达王宫，王后已站在那里等候。作为使团长夫人，我走在最前面，也站在最前面。我首先代表全体大使夫人把一个花束献给王后，祝王后健康长寿、生日快乐。我双手托送一块中国丝绸给王后。王后用手轻轻触摸一下，就交给旁边的礼宾官了。然后，各国大使夫人按照我事先宣布的礼宾顺序与王后握手后，井然有序地分别在王后的两侧落座。

即将离任的马来西亚大使夫人与我分别坐在王后的左、右侧。我们坐定后，王后首先问我："你到文莱几年了？"我说："陛下，我到文莱四年多了。"我顺便解释了一下我前几年没参加为王后祝寿活动的原因，并说我们在文莱的任期不会太久了，因此，今年我和我的丈夫调整了我们的休假时间，这样我就有机会来为王后陛下祝寿。王后说："哦！你前几年没来，我倒没注意到。"我又指着马来西亚大使夫人说："我们坐得离陛下近了，就意味着我们要远离陛下了，而那些坐得离陛下稍远的大使夫人，她们还将幸运地在文莱生活几年。"王后听了我的话，高兴地笑了起来。她听出我

的话显然是对文莱的赞扬，因此，她喜形于色地问道："你
在文莱还能待多久？"我说："我想今年内我应该要离开文
莱了。"王后又问："不会再长了吗？"我说："就个人来说，
我愿意再待四年，但那是绝对不可能的。"我与王后的对话
引起哄堂大笑。王后盯着我又问了一声："你是很喜欢文莱

咯？"我痛快地回答："我钟爱文莱的文化传统，我热爱文莱的民风民俗，我喜爱文莱的旖旎风光。"

我喜欢用一些排比句表达我的心情。王后对我的回答很满意，她转过身笑盈盈地对其他大使夫人说："看来，中国大使夫人有一定的文化底蕴。"王后很爱运动，我们的交谈又转到运动上。她一一问了我们喜爱什么运动。我回答说，仅仅是散步而已。王后总是很随和，她说，散步就很好，简单易行。会客厅内，你一言我一语，气氛十分活跃。正当王后兴致很高时，我问王后："陛下，我们驻文莱的各国大使夫人为陛下准备了一些特别的祝福，我现在是否可以请菲律宾大使夫人带领我们一起向陛下祝寿？"王后高兴地说："请！请！"这时，菲律宾大使夫人站起来向王后说："陛下，请恩准我现在带领驻文各国大使夫人为陛下祝寿。"然后全体大使夫人起立，一起朗诵了菲律宾大使夫人准备的祝寿辞，并唱了"祝你生日快乐"的英文歌曲。

在大使夫人中有几位新来的，有的也即将离任，我理解大家都想与王后照一张集体相，但没有人敢提出。因为我坐得离王后最近，在祝寿即将结束前，我感谢王后接受我们驻文莱大使夫人的生日祝福，并小声向王后试探，不知能否与王后陛下照一张集体相作为留念。王后很痛快地先用英语说"可以"。因为王后接见我们的地方呈狭长形，不大好照集体相，所以王后又用马来语问："Di mana bagus？（在哪儿照好？）"我立即用英语向其他大使夫人重复一遍："Where is the best place to take the photo？"王后惊奇地说："哦，你懂不少马来语了！"听了王后的夸赞，我打心眼里高兴。

过了片刻，王宫礼宾官出来把王后与我们一起请到觐见厅外面一组沙发处，我们有的坐着，有的站着，有的蹲着，

潘正秀任使团长夫人期间，带领各国驻文莱大使夫人到王宫为王后（带黄头巾者）祝寿。图为觐见结束后，王后与各国大使夫人合影留念。

还有的席地而坐，与王后照了一张很好的集体照。有的大使夫人来了几年了，都没有这样的机会。王宫有这种活动时，一般都有摄影师，但大家都拿不到照片。这次我出主意，征得王宫同意，自己带了个摄影师，照片洗印好后，一一分发寄到各国大使官邸。夫人们收到照片都很高兴，纷纷回信感谢我的周到安排。

盛装献花，亦喜亦乐

此外，我们还参加了一些妇女组织的祝寿活动。在文莱国际妇女俱乐部为王后举行的祝寿晚宴上，我作为该俱乐部荣誉会员代表，向王后献了鲜花。王后一看见我马上说："谢谢你

的两束鲜花。"我顿时一愣，反应不过来，哪来的两束鲜花？后来一想，王后显然把前几天在王宫我作为使团长夫人献的那束花算在一起了。说起这后一次献花，真让我记忆深刻。那天的活动要求各国大使夫人穿民族服装，本来，我的旗袍不少，除了一年一度的国庆招待会，平时我不大穿。既然要求穿民族服装，我就穿旗袍吧！但穿起旗袍，领子与腰间都比较紧，感到不大舒适。俱乐部让我和其他 10 多位委员提前站在王后来时的入口处等候，我双手捧着那束鲜花，严阵以待。文莱人准备的花束都是名贵花卉，确切地说，是个花桶，扎得实实在在，分量很沉。而且，文莱献花与中国献花的做法也不一样，中国一般让儿童和少女献花，而文莱往往把献花当作一项荣誉，让某人献花。

我倒是要感谢文莱国际妇女俱乐部给我这项荣誉，但这个花束，对我这么大年纪的人来说实在是太重了。我又没想到，在门口一站就是 45 分钟。可想而知，我穿着紧身的旗袍，捧着重重的花束，脚蹬一双高跟鞋，笔直地站立将近一个小时，实在是疲惫不堪。由此我想到，现在提倡外交官年轻化，我举双手赞成。外交官是个累活也是个细活，没有一定的精力和能力是不行的。

那晚的活动还有很多歌舞表演，一直持续到夜里 11 点半，我看王后都一脸倦意，但还是很耐心地坐在那里，直到最后很有礼貌地与俱乐部成员及全体演职人员一一握手，祝贺演出成功。出于礼貌，最后我与王后寒暄了一番："很晚了，陛下一定很累了。"王后很谦和地回答："萨玛，萨玛（彼此，彼此，你也累）。"

据说，事后主管王宫礼仪的女官员向该俱乐部提出了意见，认为该场活动组织得不太理想，有的西方化的节目不该在那种场合演。不过，文莱王室人员给人的感觉是，在任何场合，即使对某场活动不太满意，也从不表露出来，更不在公共场合训斥下属。这一点，与其他国家的君主和中国古代的帝王将相还是不大一样。

南京：中文友好历史交汇的见证

孙　辰

（南京市雨花台区文化局副局长）

由于历史的原因，南京在中国与文莱的交往史上有着重要地位。在明代成祖年间，文莱古浡泥国王访问中国，不幸染上重病，去世后葬在南京。自 1991 年中文建交以来，由于浡泥国王墓的纽带作用，南京市与文莱人员交流频繁，继续谱写着两国友好交往的历史。

大公主拜谒王墓

2006 年 4 月 6 日，美丽的南京城迎来了文莱苏丹陛下长妹、外交与贸易部无任所大使玛斯娜公主。公主殿下夫妇一行 14 人在南京市副市长许慧玲和中国首任常驻文莱大使刘新生等陪同下，拜谒了位于雨花台区的古浡泥国王墓，并为"中国—文莱友谊馆"揭牌，拉开了中国与文莱正式建交 15 周年纪念活动的序幕。

上午 9 点多，和煦的春风吹过南京南郊的青山绿水，玛斯娜公主夫妇乘一辆超长奔驰车来到雨花台区铁心桥镇安德门外石子岗南麓的古浡泥国王墓。公主殿下身着海蓝色绸裙与黑色外套，头裹蓝色印花的丝绸头巾，在许慧玲副市长的陪同下开始拜谒行程。文莱公主为何专程来宁参观浡泥国王墓呢？这里还有一段荡气回肠的历史故事。古浡泥国也就是今天的文莱达鲁萨兰国，早在 2200 多年前的西汉时期，中文两国就开始了友好交往。明朝时，三宝太监郑和率庞大的船队七下西洋，更是将两国关系推向了鼎盛时期。年轻的渤泥国王麻那惹加那乃非常向往博大精深的中华文明，遂于明永乐六年（1408年）携王后、王子等一行150多人，随郑和船队来中国访问，受到明成祖朱棣的盛情款待。不幸的是，他仅在中华大地游览月余，便因染重病而逝于南京，年仅28岁。明成祖遵其希望"体魄托葬中华"之遗愿，以很高的礼节埋葬了这位异邦君主。斗转星移，岁月更替，渤泥国王墓曾一度在历史中缥不可寻，直至1958年5月，人们才重新发现了佚名已久、一直被当地人称为"回回坟"的渤泥国王墓。此后，渤泥国王墓受到了各级政府的精心呵护，也成为我国现存仅有的两处外国帝王墓之一。如今，玛斯娜公主专程拜谒的渤泥国王墓已经专门修缮，再现了昔日的尊贵与辉煌。

沿着悠长的山道前行，两边是郁郁葱葱的树木，山坡上开着一些不知名的白色野花，微风吹过轻轻摇摆着，像是在欢迎远道而来的客人。在山道拐弯处，有一处碑亭，翻译向公主介绍，这里矗立着的就是渤泥国王墓的墓碑，上面记载着当时国王来访、生病、逝世以及明成祖如何厚葬国王的详细经过。这块墓碑经历了近600年的风雨，如今已经断裂残破，上面刻写的碑文也已模糊不清。玛斯娜公主凝望墓碑，轻轻抚摸着龟跌，久久不愿离开。

从碑亭出来，就进了神道。神道由青石砖铺成，两旁还排列着不同的石刻。翻译特别向玛斯娜公主介绍："这两边站立的石刻有石马、石马夫、石羊、石虎、武夫，一共有5组，按照中国古代的传统，这种神道只有'王'才能享受！"走过神道，渤泥国王的墓冢就在眼前，但玛斯娜公主的脚步却放慢了。走上台阶，眼前是一个方形的墓地，墓碑上清楚地刻着"古渤泥国王之墓"。就在玛斯娜公主端详之时，许慧玲副市长介绍说："这个墓碑上方刻有两条龙，在中国，龙是帝王的象征。"站在墓碑前，玛斯娜公主夫妇以及随员们都不约而同微微低下头，他们把双手交叠、掌心向上放在腹前，嘴里轻声念着马来文，神情安详。翻译说，同中国传统的磕头不同，这是文莱特殊的拜谒方式，为逝去的人祈祷。

在以文莱特有的礼仪对墓中逝去 600 年的先王表示了悼念后，公主深有感慨地说："古代的中国人对不同客人都能放开怀抱，正是这种开放的态度，点燃了我的先辈们的想象力，让他们不畏艰难去寻找蕴藏在那遥远陆地上的知识……这座墓的历史也是两国友谊的见证。"

友谊馆展现历史

玛斯娜公主此行的另一个重要目的，就是为"中国—文莱友谊馆"揭牌，它距渤泥国王墓仅百步之遥。在文莱民歌声中，泉水、棕榈环绕的友谊馆散发出特有的异域风情。在"中国—文莱友谊馆"开馆仪式上，玛斯娜公主殿下与许慧玲共同为友谊馆揭牌，并在开馆仪式上致辞。她首先对友谊馆开馆表示祝贺，并深情回忆了中国、文莱两国之间源远流长的友谊。她说，南京这座城市是我们拥有共同过去的伟大见证，渤泥国王墓已经有将近 600 年的历史，几乎和文莱王朝的历史持平，这也是我们自身历史的一部分。感谢南京市政府和人民在过去的这些年里对渤泥国王墓这一遗迹所给予的关心和极大关注，感谢南京主动保留和美化这片区域，建成"文莱风情园"。许慧玲在致词中说，建成后的"文莱风情园"主题公园，将同渤泥国王墓魂魄相依，成为中文两国人民的又一个友好见证，遗泽后世。

2006 年 4 月 6 日，玛斯娜公主殿下（左）和南京市副市长许慧玲为"中国—文莱友谊馆"揭幕。

淳泥国王墓和友谊馆是当时正在建设的文莱风情园的重要组成部分。友谊馆分为三个主题展示区：

　　第一部分：源远流长的两国友谊。早自西汉始，两国商人便以商品交换。梁代交往日渐频繁。唐和宋元时，往来更加密切。明代，中国与文莱友好交往达到鼎盛时期。明永乐六年（1408 年）八月，淳泥国王亲率友好使团造访明王朝，成为中文友好交往史上的佳话。

　　第二部分：和睦相处的友好邻邦。自 1991 年 9 月建交以来，两国关系全面发展，政治互信不断增强，各领域合作成效显著，人员往来日益密切，在国际和地区事务中保持着良好的协调和配合。两国睦邻友好合作关系成为大小国家平等相待、互利合作、和谐共处的典范。

　　第三部分：绚丽多彩的文莱风情。文莱是一个信奉伊斯兰

教的国家，人民严守教规，崇尚礼仪。文莱人多为马来族，热情好客，其风土人情有着浓郁的部族与乡村色彩。境内风光秀丽，物产丰富，人民谦和，社会安定，被誉为"和平之邦"和"世外桃源"。

为了形象展示文莱的民俗风情，文莱国家博物馆当年特派两名高级馆员送来了28件礼物。玛斯娜公主这次还带来了两件相当贵重的礼物，一件是叫作"永萨拉特"的金丝织锦，只有在皇室、国家庆典以及婚礼上才能穿戴；另一件礼物是一套银制乐器，包括编钟、锣等。玛斯娜公主在参观了该馆的陈列之后，兴致勃勃地在留言簿上题词："友谊馆是中文两国友谊的象征。"

风情园设计独特

2001年，渤泥国王墓被定为国家重点文物保护单位。投资近1000万元的渤泥国王墓一期修复工程，已完成了对迁碑亭、牌坊、墓冢、神道等文物古迹的保护性修复；按照规划，第二期将在墓园内建成一处具有浓郁文莱地域特色和人文景观的文莱风情园。

文莱风情园是以渤泥国王墓为依托建设的，占地面积11.5亩，投资总额2300万元人民币。文莱风情园一期项目包括文莱水苑、艺术展示、会议厅、清真餐馆及相关配套设施，成为集观光旅游、娱乐为一体的综合性休闲场所。2007年10月，文莱风情园一期环境整治工程正式竣工并免费对外开放。从远处看，整个风情园建筑清秀典雅，疏落有致。

在绿化方面，最大的亮点是在风情园主入口处位置，通过园林设计体现了两种文化的交流。首先是将南京市的市花梅

"中国—文莱友谊馆"
外景

花、市树雪松种植在这里，同时还用绿色植物做了一个"新月"，以体现伊斯兰教的文化思想。为了让风情园一年四季有绿可赏，树种是根据春、夏、秋、冬四个季节来规划种植的，如春天的春鹃、海棠、兰花；秋天的桂花、菊花；冬天的腊梅、果树林（如枇杷、柿子类）；夏天以绿色类植物为主。

2008年10月23日上午，玛斯娜公主一行再次来宁参访，为新建成开放的文莱风情园揭幕。公主此行的最大"行李"，是专门空运来的捐赠给风情园的三幅油画。"这三幅画跨越了半个太平洋，它们的作者是马尔斯蒂·奥马尔，他曾多次在文莱国内外的画展中获得大奖。我希望这三幅画能增加人们对文莱的了解！"在三幅1米多长的画作前，玛斯娜公主兴致勃勃地向来宾和观众一一介绍说："第一幅画表现的是奥玛尔·阿里·赛福鼎清真寺，我们文莱是一个伊斯兰国家，清真寺随处可见；这幅是文莱的街景，你们可以看到，我们的城市很休闲，街上的人和车不是太多；第三幅表现的是乌鲁·博拉隆小镇的雨林景象，非常安静和谐！"她说："我要用这三幅画向南京人民致谢！"

此次南京之行最令玛斯娜公主开心的是，她又见到了具有文莱水村风貌的"文莱水苑"。两年前，她应邀参加中国—文莱友谊馆开馆仪式。看到浡泥国王墓周边环境整饬一新，友谊馆的建筑风格和内部陈设也颇具文莱风情，感到很高兴，不过也留下了小小的遗憾——整个景区没有水景，而水村风貌正是文莱风情的重要亮点。为了弥补这一缺憾，玛斯娜公主建议在馆前建设"文莱水苑"，并为水苑建设捐赠了180万元。

看到面积近千平方米，四周被草坪和景观树环绕，景色清幽的文莱水苑，公主十分高兴，与同来参观的夫婿绕水苑漫步一圈，连称"OK"，并表示这里将成为一个适合市民休闲的好地方。她在为新建成的"文莱风情园"揭幕的致词中说："两年前我第一次到南京，南京人民的热情友好给我留下了深刻印象。今天风情园的开放，将成为文莱和中国关系史上的一座里程碑！"她特意把"milestone"（里程碑）一词读得很重、很慢。她希望整个景区能在增进两国人民互相了解和沟通方面发挥积极作用。

中国企业助力经济合作

刘新生

中国前驻文莱大使

文莱原是一个贫穷落后的国家，是石油和天然气帮助她摆脱了贫困，并从上世纪 70 年代起迅速发展，进入世界富裕国家的行列。但油气并非再生资源。面对这一形势，文政府未雨绸缪，决定发展多元化经济，减少对石油天然气的过分依赖，以确保国民经济全面发展，国家持续繁荣。文莱政府 1991 年开始执行的第六个五年计划，决定将重点放在基础设施建设和人力资源开发上，同时鼓励私营企业的发展，为发展外向型工业奠定基础。

在此背景下，文莱布特拉私人有限公司与印尼财源帝集团签订了合资建水泥厂的协议。该水泥厂是文莱政府迄今批准的最大合资工程项目，也是文莱的第一个水泥厂，投资金额约为 4000 万美元，文莱布特拉私人有限公司和印尼财源帝集团各占一半股份。财源帝集团主席是印尼号称"木材大王"的著名华商黄双安先生，我在印尼工作时就与他相识。1993 年 9 月底，当他得知我要从印尼离任后，与夫人白嘉莉女士专门为我们夫妇举行了欢送晚宴。宴会上，他提到要在文莱合资建一水泥厂，准备请中国方面设计施工，并说 10 月 2 日他们夫妇要乘私人专机到文莱出席苏丹的宴请。由于当时我被提名出任中国驻文莱大使之事尚未获文莱政府答复，还不能对外公开，因此我只是说，我可能要到一个邻近的国家任职，希望以后我们保持联系。我回国后不久，黄先生从文莱打电话到我家中，当晚我正好出席一个活动不在家，于是他深夜再次打电话给我，

刘新生大使使用马来语在文莱与印尼财源帝集团合建的水泥厂开工典礼仪式上致辞。

说他在文莱听说我要去当大使，他很高兴并希望我到任后对这个水泥厂的建设多加关照。我当即表示，我会尽力而为。

1994年3月29日，"布特拉—财源帝水泥厂"经过近三年筹备，在靠近文莱穆阿拉港、傍倚南海之滨一块占地6英亩的土地上举行了奠基仪式。文莱工业与初级资源部长拉赫曼因病未能出席，由该部常秘阿赫末代表宣读了他的讲话，布特拉—财源帝水泥公司副董事经理鲁比安托在奠基仪式上致辞。我与印尼驻文莱大使布尔先生同时被邀请出席了奠基仪式，并发表讲话。我在印尼工作时同布尔大使就很熟悉，此次又在文莱相见，格外亲切。布尔大使建议我，既然你会说印尼语，你就用马来语（与印尼语相近）讲，文莱人会很欢迎的。我接受了他的建议，和他一样用马来语讲话。印尼大使讲马来

语在当地不足为奇，因为文莱与印尼是同语言、同民族、同宗教的国家。但中国大使也用马来语讲话，人们似乎感到有点不可思议。这是我到任后第一次用马来语公开发表讲话。中国大使会讲马来语这个消息在文莱这样一个小地方很快传开。以后，我在一些场合见到一些文莱朋友，他们会主动走上来对我说，听说你会说马来语。我问他们怎么知道我会说马来语？有的说，在水泥厂开工仪式上听到我的讲话；有的说，听人家说的。总之，文莱人对外国人会说他们的语言是很高兴的，而且只要知道你会说他们的语言，他们马上就与你亲近起来。

次日，文莱报纸在刊登工业与初级资源部长讲话的同时，也全文登载了我的讲话。我在讲话中回顾了中国与东盟国家关系的发展，重申同东盟国家建立和发展长期稳定的睦邻友好关系是中国独立自主和平外交政策的重要方面。近年来，中国同东盟国家在政治、经济、科技、文化等领域的友好合作进入了全面发展的新时期。中国和东盟国家的友好合作关系不仅符合中国与东盟国家人民的利益，而且有利于亚太地区的和平、稳定与繁荣。在谈到中国与文莱关系时，我说，中国与文莱两国人民在历史上和睦相处、友好交往，有着悠久的传统友谊，中国人民对文莱人民怀有深厚的感情，中国政府重视发展与文莱的关系。现在，两国不仅正式建立了外交关系，而且互设了使馆，这为两国发展各个领域的合作创造了极为有利的条件。我对中国天津水泥工业设计研究院能够参与布特拉—财源帝水泥厂工程的设计与施工感到高兴，衷心祝愿并完全相信此项工程在各方的大力支持和协助下能够顺利建成，早日投产。

天津水泥工业设计研究院是我国最大的水泥设计研究院之一，国内60%的水泥厂都是出自他们之手。他们已先后完成了国内外200多个厂的设计和施工任务。工程上马后，天津

刘新生大使夫妇与黄双安、白嘉莉夫妇合影

水泥工业设计研究院派出了年轻而又精明强干的副院长张恪和精通水泥业务的高级工程师段希圣等精兵强将组成领导班子，200余名工程技术人员分别从中国唐山、济南、杭州、扬州等地先后来到文莱，在"和平之邦"的土地上兴建该国有史以来第一个水泥厂，这也是我国在文莱承包的第一个劳务项目。使馆从一开始就十分重视这个工程的各项工作，我曾明确向天津水泥工业设计研究院提出，要着眼于两国关系的大局，为两国经贸与劳务合作建立一个良好的开端，一定要保质保量建好水泥厂，切勿从单纯赢利观点出发，偷工减料，粗制滥造，从而影响中国建筑工程公司的名声。我们还要求承建施工单位精心挑选工程技术人员，要求到文莱工作的各类人员遵守文莱法律及合资公司的有关规定与劳动纪律，保证工期，完成任务。该厂原定在18个月内建成，但因中国工程技术人员均为首次进入文莱，在办理入境签证时屡屡遇到麻烦，使整个工程计划被延误半年时间。为抢回失去的工期，全体工程技术人员克服天气炎热等困难，按照工程设计和计划进度起早贪黑，加班加点，不少人在炎炎烈日下晒脱了几次皮。经过将近一年的艰苦奋战，在保证质量的前提下，按期完成了施工任务。中国工程技术人员的工作态度及工程质量受到文莱人民的称颂。即便这些工程技术人员早已完成任务回国，但文莱人一提起该水泥厂，都说：是中国人建的。

这个水泥厂是天津水泥工业设计研究院继马来西亚和巴基斯坦之后承建的第四个大型海外工程，设计能力为年产40万吨水泥，工程设计标准达到80年代国际先进水平。这座现代化水泥厂全部采用电脑技术管理，只要十来名人员操作，就可完成整个工厂的全部工序。宏伟的水泥厂屹立在穆阿拉港色拉沙工业区，是该工业区内迄今最大的企业。1995年11月，在文莱主办的东盟东部成长区首届博览会的400个摊位中，有一个布特拉—财源帝水泥厂的摊位，宣传刚刚竣工的水泥厂。这个摊位突出展示了由中国天津水泥工业设计研究院承建的水泥厂的模型，格外引人注目。这个水泥厂既是中文友好合作的一座新的丰碑，也是文莱发展多元化经济、积极推行区域经济合作的一个窗口。1996年开始，文莱工业与初级资源部陆续组织一些驻文使节和文莱驻外使节参观该水泥厂。这是文莱除石油天然气工业外，唯一可供对外参观的大型企业。

这一年产量40万吨的水泥厂的建成，不仅结束了文莱进口水泥的历史，为该国正在勃勃兴起的基础设施建设提供了充足的优质水泥，而且使文莱开始向邻近的新加坡和马来西亚沙捞越等地区出口水泥。

共同打造中文友好合作的新平台

马仕生

（《广西经济》杂志社编审）

中国和文莱是隔海相望的友好邻邦。建交以来，两国在相互信任和相互支持基础上的睦邻友好合作关系进入了全面发展时期。在两国关系深入发展的大好形势下，广西与文莱交流合作也进入了加快发展的新阶段。

经济走廊，稳步推进

当今世界，区域的共同性在增强，共同利益在增加。区域合作是当今世界的潮流，是时代发展的主旋律。为促进同文莱等海上东盟国家的合作，中国领导人倡议推进泛北部湾合作，得到了包括文莱苏丹陛下在内的东盟相关国家领导人的高度评价和积极回应。2008 年 1 月，中国政府又批准实施《广西北部湾经济区发展规划》，明确要把广西北部湾经济区打造成为中国—东盟开放合作的物流基地、商贸基地、加工制造基地和信息交流中心，使之成为带动、支撑中国西部大开发的战略高地和开放度高、辐射力强、经济繁荣、社会和谐、生态良好的重要国际区域经济合作区。泛北部湾合作的兴起和广西北部湾经济区开放开发的快速推进，将为广西与文莱进一步深化友好合作提供新的机制和平台，为各自发展赢得更多资源和空间。

2014 年 9 月 17 日，在文莱工业与初级资源部长叶海亚和广西壮族自治区主席陈武的共同见证下，《文莱—广西经济走廊经贸合作谅解备忘录》在第 11 届中国—东盟博览会专场签约仪式上正式签署，海上丝绸之路在中国和东盟之间又赋新篇。文莱—广西经济走廊旨在充分发挥文莱清真产品认证、资金充裕和连通广大穆斯林市场的优势，以及广西自然和劳动力资源丰富，研发、制造、工艺技术先进等优势，在农业、工业、物流、清真食品加工、医疗保健、制药、生物医药、旅游等领域开展全面合作。2015 年 3 月 30 日，广西壮族自治区党委书记、自治区人大常委会主任彭清华率广西代表团访问文莱，其间，分别会见了文莱苏丹哈桑纳尔、王储阿尔穆塔迪·比拉，与文莱工业与初级资源部长叶海亚会谈，并出席文莱—广西经济走廊座谈会，就加快推进文莱—广西经济走廊建设与文莱各界深入交流，达成多项重要共识。

在与叶海亚部长举行工作会谈和出席文莱—广西经济走廊座谈会时，彭清华指出，建设文莱—广西经济走廊是实施"一带一路"战略构想的重要举措，符合广西与文莱的共同利益，可谓有需要、有条件、有前景，将会有力促进广西成熟的制造技术、丰富的土地和劳动力资源与文莱美誉度极高的清真认证和清真品牌相结合，成为打开穆斯林市场的"金钥匙"，为文莱和广西带来重大利好。广西将切实履行双方达成的合作共识，积极参与和推动经济走廊建设。建议双方按照达成的合作共识，务实推进"一港两园三种养"（即推动北部湾国际港务集团参与文莱穆阿拉港运营，建设南宁文莱农业产业园和玉林文莱中医药健康产业园，并在文莱进行渔业、生蚝养殖和水稻种植）等重点合作项目，共同推动文莱—广西经济走廊成为中国—东盟合作创新示范项目，将经济走廊建设成为中国、文莱合作的新亮点。叶海亚表示，文方高度重

视发展与广西的友好合作关系，十分看好广西在"一带一路"建设中的重要枢纽作用，对经济走廊建设的先期进展感到满意，并将共同促成经济走廊重点项目向前推进，期待经济走廊建设收获丰硕果实。

目前，广西南宁市以文莱—广西经济走廊合作为契机，规划建设中国—文莱农业产业园，搭建中国与东盟农业领域务实合作的新平台。该农业产业园位于南宁市西北部的西乡塘区双定镇，计划用地3万亩，以清真食品园、农产品深加工园、科技研发园、农业观光园、生态健康园和公共服务中心为主要建设内容，预计总投资70亿美元。西乡塘区是南宁的农业大区，有发展现代农业自然资源丰富、农村土地流转工作效率高和科教支撑产业发展后劲足等优势。中国—文莱农业产业园项目的落户，市场前景看好。如今，南宁市正积极开展项目推进工作，已完成产业园区规划设计有关招标工作等。此外，前几年，由广西企业在文莱实施的"中文合作研发水稻试验示范项目"和"文莱鸣铭农业产业园"项目初获成功，试种的10个水稻品种平均每公顷干谷产量 6.86 吨，大大高于其他国家在文莱种植水稻的产量。

产能合作，潜力巨大

多年来，文莱一直将石油和天然气出口作为国家经济支柱，但随着近年来国际油气价格暴跌以及本国油气储量逐渐减少，文莱政府希望摆脱依赖油气的单一经济模式，实现经济多元化，而中国"一带一路"框架下的产能合作给文莱带来了新的发展契机，两国产能合作潜力巨大。

文莱政府十年前制定了"2035宏愿"蓝图，其主要目的就是推动经济多元化发展战略，在延伸油气产业链的同时，努力发展进口替代型和出口加工型工业以及农业、渔业、旅游、金融、信息服务等产业。中国提出的"一带一路"倡议正好符

合这一蓝图的目标。因此，文莱政府积极回应"一带一路"倡议，加入亚洲基础设施投资银行（亚投行）并成为创始成员国，希望借此机会搭上"一带一路"建设的顺风车，带动文莱经济向多元化发展。

近年来，中文两国经贸合作快速发展。2010—2014年，双边贸易额接近翻倍；中国在文莱承包工程业务开始起步，完成营业额超过2亿美元；中国对文直接投资势头迅猛，华为、同仁堂、恒逸集团等企业陆续扎根文莱市场；两国还积极开展人力资源合作，中国援外志愿者在文莱受到广泛赞誉；同时，"文莱—广西经济走廊"已具雏形，两国经贸和产能合作已初具规模。

为了弥补自身产能、原材料等方面的不足，文莱对于中国资金、技术、企业的进入持欢迎态度，有时甚至主动到中国招商引资，寻找合作伙伴。双方开展产能合作，蕴藏着巨大潜力。

在国际产能合作方面，目前中国和文莱正在两大领域展开合作。一是以恒逸石化项目为代表的石化产业。中国希望以恒逸石化项目入手，与文莱建立跨境经贸合作区。二是以"文莱—广西经济走廊"为代表的清真种植养殖业产能合作。一方面，文莱的清真食品、药品的产业标准比较严格，含金量较高，得到全球穆斯林的认可，但是文莱缺乏发展清真产业的原材料、技术和产能。因此，文莱到中国广西设立农业产业园和中医药健康产业园，以满足其清真产业发展的原材料需求。另一方面，中国企业到文莱进行水稻种植、生蚝养殖、水产养殖。这是将中国的资金、技术、产能带到文莱，为文莱、中国乃至更广泛的地区提供种植养殖产品。文莱自然环境优越，中国的种植养殖业产能能够在文莱得到充分释放，并可能由此辐射马来西亚、菲律宾、印尼等国组成的东盟东部增长区。

由此可见，与中国的产能合作不仅能推动文莱自身发展，还将把文莱打造成东盟东部增长区生产、贸易、加工以及物流的中心，建立和带动东盟东部增长区次区域的合作，实现双赢和共赢。

2012 年 9 月 23 日，正在南宁举行的第九届中国—东盟博览会"魅力之城"展区，文莱艺人身着民族服装在文莱风格的建筑前载歌载舞。（供图：中新社）

互联互通，前景可期

为了与"21 世纪海上丝绸之路"对接，摆脱经济对石油和天然气出口的严重依赖，促进经济实现多元化，文莱正在努力提高竞争力及经济发展可持续性，积极寻求与中国加强港口合作，开辟海上互联互通，加强海上合作开发，共建"21 世纪海上丝绸之路"。

近年来，文莱政府大力鼓励全球航运公司通过穆阿拉港进行货物转口贸易。目前，货物转口航运公司可免费使用穆阿拉海港货仓长达21天，同时享有货柜处理收费折扣及优先使用港口一切设施的特惠条件。文莱政府已拟定8项措施，以全力将穆阿拉港打造成为区域优良港口。有关的8项措施如下：（1）全力推动航运业发展；（2）打造世界级船运服务设施；（3）把穆阿拉港发展成为东盟东部经济成长区的一个区域船运中心；（4）鼓励直接船运服务，让穆阿拉港与世界各主要港口接轨；（5）推动港运后勤服务；（6）鼓励快艇载客业务；（7）发展货品转运服务；（8）推出更多港运服务来增加政府收益。

文莱工业与初级资源部长叶海亚曾多次表示，希望加强文莱和广西的经济联系。他说，文莱打算将广西钦州港作为其进入中国市场的重要门户，希望进一步探讨和促进农业和渔业合作。"我们特别关注广西，所以我们希望双方都能从中获得好处，以便全面提升文莱与中国的关系。"他说，文莱正在制定一个详细的合作计划，一旦双方坐下来讨论，可以把更多的想法补充进去。

2015年在广西出席第十届中国—东盟博览会期间，叶海亚部长专程访问了广西主要港口城市钦州，他说，"探索两国港口之间任何可能的合作"是其访问的目的之一。他表示还会再专程来钦州港考察，探讨文莱穆阿拉深水港与广西钦州港合作的可能性。他在一次国际食品与生物产业投资会议上说，文莱经济和产品出口多元化已经到了刻不容缓的地步。文莱今天的经济严重依赖石油和天然气，油气行业占文莱全国生产总值（GDP）的67%，占政府税收的90%，占出口的96%，但就业仅占5%。他强调，为了下一代，就要创造一个充满活力和可持续发展的经济模式。文莱政府希望借此将文莱与广西，尤其是与钦州的商业和运输合作关系提升到更高水准。穆阿拉港是文莱最大的港口，如果钦州港与穆阿拉港之间开通定期轮渡，文莱与中国的双边贸易和投资合作就可以加快。

总的来说，建设广西—文莱经济走廊，不仅有利于双方实现优势互补，共同拓展国际市场，提升传统友好关系，创造长期和可持续增长，而且有利于文莱经济多元化宏愿的实现，进一步提升广西对外开放的水平和经济社会的全面发展，同时对打造中国—东盟自贸区升级版、共建"21世纪海上丝绸之路"将起到积极的推动作用。

打造"21世纪海上丝绸之路"上的明珠

——记中文合作建设文莱大摩拉岛炼油化工项目

闵永年

（中国前驻文莱大使）

习近平主席 2013 年 10 月在印度尼西亚出席亚太经合组织（APEC）领导人非正式会议期间，提出共同建设"21世纪海上丝绸之路"的倡议。东盟国家在地理上处于海上丝绸之路的十字路口和必经之地，自然成为建设"21世纪海上丝绸之路"的首站。中国和东盟国家山水相连、比邻而居，有着深厚的传统友谊，共建"21世纪海上丝绸之路"符合双方共同利益和共同要求。文莱是东盟成员国中人口最少、面积最小、与中国隔海相望的国家，也是我们共建"21世纪海上丝绸之路"的重要伙伴之一。文莱苏丹哈桑纳尔·博尔基亚在出席 2014 年 APEC 工商领导人峰会前夕接受专访时表示，海上通道对文莱和中国来说极为重要。中国提出的共建"21世纪海上丝绸之路"倡议与东盟所致力的互联互通倡议相一致，必将增强双方经济联系和人民之间的交流沟通。

文莱——安定友好的邻邦，以其稳定的宏观经济、丰富的油气资源和经济多元化的发展前景，吸引中国企业参与投资合作

文莱位于加里曼丹岛西北部，北临南海，与我国湛江隔海相望，国土面积 5765 平方公里，人口约 40 万，国教为伊斯兰教。自 1984 年 2 月独立以来，文莱政局稳定，经济发展，社会和谐，被誉为"和平之邦"。文莱国家虽小，却以油气资源丰富闻名。文莱系东南亚第三大产油国、世界第四大天然气出口国，其已探明的石油储量为 14 亿桶，天然气储量 3200 亿立方米。油气产业是文莱的唯一经济支柱，约占 GDP 的三分之二、财政收入来源的九成和外贸出口的 95% 以上。但是，对这样一个产业单一的国家而言，要长期维持经济持续发展，没有近虑，必有远忧。

文莱苏丹不愧为一位富有远见的开明君主。为摆脱以油气为主的单一经济束缚，苏丹于 2008 年提出国家发展战略规划——"2035 宏愿"，拟通过大力发展旅游业、努力改善基础设施、加快推进经济多元化进程、积极拓展对外合作等，力争在 2035 年之前实现全国人民受教育程度达到国际水准、人民生活水平和质量位居世界前十名、人均收入跃居世界前十位的三大目标。

为此，文莱政府相继出台了一系列优惠政策，吸引外来投资，鼓励外商到文莱投资兴业。在油气能源领域，在确保油气收入的同时，注重建设延伸油气产业链，争取为国家经济社会发展提供更多财政支持。这同我国当时积极寻找国外资源、拓展国外市场的战略形成很好的互补。可惜的是，当时中国和文莱企业之间交往还不多，信息沟通也不够及时和充分，还没有很多中国企业意识到去文莱投资油气行业的必要性。

外交官的使命——服务周边安全稳定、服务国内经济建设大局

我于 2010 年上半年至 2012 年奉命到文莱工作。遵循中

恒逸（文莱）PMB 石化项目示意图

央关于外交为国内国外两个大局服务的基本方针，根据外交部和国内有关部门的指示，我在积极推动中文友好合作关系发展的同时，高度重视促进两国经贸合作，鼓励和支持中国企业解放思想，走进文莱投资兴业。其中，浙江恒逸集团在文莱大摩拉岛投资建设的石油化工项目给我留下了深刻印象。

大摩拉岛项目是恒逸集团在文莱投资建设的炼油化工一体化项目，它以原油、凝析油为原料，计划建成后年产 150 万吨芳烃、262 万吨汽油、117 万吨航空煤油、174 万吨柴油、48 万吨苯和 8.4 万吨硫黄。项目计划于 2016 年下半年开工建设，2019 年上半年建成投产，2020 年可望实现产值 55 亿美元，并可向文莱社会提供近千个工作岗位。

恒逸集团是中国从事化纤与化纤原料生产的大型现代化民营企业。作为国内 PTA 及化纤行业的龙头企业，为摆脱主要

原料 **PX** 和 **MEG** 长期依赖进口的困境，打通石化＋化纤产业链，就必须进入炼油化工行业。在国内资源和市场竞争异常激烈的情况下，为实现"做国际一流石化产业集团"、向产业链上游突破的愿景，恒逸集团眼睛向外，积极寻找海外资源和市场。在调研过程中，恒逸集团了解到文莱政府发布的开发大摩拉岛的招商引资的信息后，立即抓住机会，经过多方调研咨询，最后下决心要投资 60 亿美元在大摩拉岛建设炼油化工一体化项目，充分利用文莱的油气资源，为企业自身持续发展和中国化纤工业打造一个新的原料供给和生产基地。文莱政府经济发展局于 2010 年 7 月 3 日宣布，文莱苏丹批准中国浙江恒逸集团在文莱大摩拉岛建设大型炼化厂项目的一期工程。一期工程投资约 25 亿美元，将部分使用文莱的原油和凝析油生产汽油、柴油和航油（日加工能力约 13.5 万桶，部分将供应文莱国内

unused建设中的防波堤

unused86

市场）以及纺织生产所需的化工原料——二甲苯（PX）和苯。如一期工程执行效果满意，再经苏丹批准，恒逸集团将增资35亿美元用于炼化厂二期工程扩建，生产塑料制品的原料——烯烃。两期投资将达60亿美元。炼化厂项目建设不仅将有力推动文莱能源业发展，创造更高的财政收入，还将创造2000个（一期800个，二期1200个）就业机会，带动当地建筑、航运、物流、仓储以及培训等行业的发展。

可以说，恒逸集团在当时到文莱考察油气合作的中国企业中眼光是比较长远的，作为一家有实力的民营企业，其决策也比较及时果断。我和使馆的同事们经认真研究后认为，这是一个值得肯定和支持的好项目，遂向国内有关部门及时报告情况并提出工作建议。我们根据国内指示，就大摩拉岛项目同文莱有关部门反复沟通协调，积极推进工作进程。

2011年11月，温家宝总理在中文建交20周年之际访问文莱，两国有关部门签署了能源领域合作谅解备忘录，双方企业正式启动油气上下游产业合作。2013年4月，文莱苏丹米华进行国事访问，双方同意将中文关系提升为战略合作关系。习近平主席强调，双方要坚持优势互补，加强油气、石化、新能源等领域合作，中方鼓励中国企业积极参与文莱基础设施、农业等领域建设，支持文莱经济多元化发展。文莱苏丹表示，文方希望同中方加强能源、基础设施建设、农业、渔业等领域合作，积极推进油气、石化等项目，鼓励两国开展人文交流，推动两国关系迈上新台阶。这为进一步提升两国经贸合作水平指明了方向，提供了动力。

在此大背景下，恒逸集团在文莱大摩拉岛的投资合作项目得到中国和文莱两国政府及有关部门的高度关注和积极支持。中国有关部门领导在访问文莱时曾指示浙江恒逸集团，一定要将此项目建设成为中文两国友好合作的典范，要抓紧工作，扎实推进，确保准时开工、按期建成。文莱苏丹哈桑纳尔2013年4月访华期间还专门提及了这个项目，希望两国继续合作，确保项目顺利推进。文莱政府对这个项目非常重视和关心，首相府和有关部门，包括外交与贸易部、财政部、能源部、交通部以及经济发展局的主要官员多次亲临项目现场视察。中国有关部门负责人和近几任中国驻文莱大使也先后到大摩拉岛考察，对推进项目建设提出指导意见。在两国政府的共同关心和支持下，项目克服重重困难向前推进，岛上第一座炼油厂将于2016年下半年动工建设，计划2019年建成投产。文莱财政部副部长曾说："该项目是文莱建国以来最大的吸引外国直接投资项目，使我们对文莱的经济发展前景备感乐观，也必将进一步增强中文两国的友好合作关系。"

辛勤劳动、奋力拼搏，中国劳动者以智慧和汗水在荒岛创造奇迹

大摩拉岛位于文莱首都斯里加湾市以北约2公里的海域，面积近10平方公里。当地人告诉我，该岛总体上低于海平面，涨潮时整个岛被海水淹没，只能看见若干棵露出水面的树梢，退潮时可依稀看到全岛的轮廓。由于长年淹没在海水之下，大摩拉岛一直就是一个无人居住的荒岛。我曾乘船远眺这个岛，初步印象是开发利用的可能性不大，因为建设工程量太大了。要把一个泡在海水里的荒岛建成化工基地，那要投下多少资金、花费多少心血啊？但是，恒逸集团和合作伙伴们用实际行动把规划变成了现实，在荒岛上创造了奇迹！

恒逸集团自2011年与文莱政府经济发展局签订了为期

闵永年大使（中）和大摩拉岛建设项目负责人合影。

30 年的土地租赁合同以来，仅用了近 5 年时间，通过地质勘测、环境评价、总体设计、疏浚航道、架设桥梁、吹沙回填、平整土地、筑堤防浪等一系列环节，已经使荒岛旧貌换新颜，把大摩拉岛建设成了一个基本可居住、可生活、可生产的基地。2016 年初我去文莱旅游期间，心里还惦念着这个曾为之操心的项目，经项目经理安排，我乘坐汽艇前往大摩拉岛参观。远眺海岛，与以往所见似乎没有多大区别。但登岛放眼望去，面貌焕然一新：近处是结实的防波堤、平坦的停车场，远处是高耸的起重吊、储油罐。在项目规划和工程进度显示图板前，工地负责人自豪地告诉我，炼油厂将如期于 2016 年 9 月前后动工，码头施工也即将开始，大摩拉岛大桥已于 2015 年 4 月开工，工期 36 个月，将于 2018 年 4 月竣工。大桥将大摩拉岛与文莱首都直接连接，不仅可进一步开发利用大摩拉岛，深化招商引资，还可促进当地旅游业的发展，从多个领域推动文莱经济多元化建设。

恒逸集团在文莱大摩拉岛的投资建设项目，有利于优化中国化纤产业链分工布局，推动上下游产业链和关联产业协同发展，提升中国化纤产业的配套能力和综合竞争力。随着"一带一路"建设进程的推进，大摩拉岛项目已被列入"一带一路"重点建设目录。我相信，中文两国一定会加强互信，携手合作，把大摩拉岛打造成"21 世纪海上丝绸之路"上的一颗明珠，造福于两国人民。双方一定会努力克服项目推进中遇到的各种问题和困难，使项目保质保量早日完工投产，打造一个技术先进、环境友好、竞争力一流的现代化企业，并为两国乃至世界能源化工产业的发展作出积极贡献。

我殷切地期盼着项目建成的那一天，能有机会到大摩拉岛，向辛勤的建设者们敬上一杯酒，感谢他们以智慧、劳动和汗水，为增进中文传统友好合作、为增进中国—东盟互利合作添砖加瓦。

文莱湾上的"中国制造"

吴　炜　周舒菁

（中国港湾公司 PMB 大桥项目部工作人员）

2000 多年前，亚欧大陆上勤劳勇敢的人民探索出多条连接亚欧非几大文明的贸易和人文交流通路，后人将其统称为"丝绸之路"。千百年来，"和平合作、开放包容、互学互鉴、互利共赢"的丝绸之路精神薪火相传，推进了人类文明进步，是促进沿线各国繁荣发展的重要纽带，是东西方交流合作的象征，是世界各国共有的历史文化遗产。

在亚洲东南的加里曼丹岛上有这样一个国家，它的面积只有重庆的四分之一；它的人口只有上海的 1.6%；它的油比水还便宜；它的人均 GDP 曾经达到世界第一；国民读书看病都是免费，开厂做生意都是免税。这个听起来有些奇特又有些神秘的国家，就是隐秘于加里曼丹岛上的文莱。文莱北临中国南海，得天独厚的地理位置决定了其自古以来就是东南亚重要的交通枢纽。历史上，文莱和中国有特殊的历史渊源。据记载，文莱古称浡泥，郑和下西洋时曾两度造访。明永乐六年（1408年），浡泥国王麻那惹加那乃携王后、子女及陪臣等 150 余人远涉重洋，回访中国。而后麻那惹加那乃病逝于南京，按其遗嘱"体魄托葬中华"，明成祖朱棣以王礼将他安葬于南京。上世纪 90 年代，中文两国正式建交，文莱王室通过南京的浡泥国王墓，完善了苏丹谱系。

2013 年 9 月和 10 月，中国国家主席习近平在出访中亚和东南亚国家期间，先后提出共建"丝绸之路经济带"和"21世纪海上丝绸之路"（以下简称"一带一路"）的重大倡议，得到国际社会高度关注。同年10月9日，中国国务院总理李克强访问文莱。"一带一路"建设有利于促进沿线各国经济繁荣与区域经济合作，加强不同文明交流互鉴，促进世界和平发展，是一项造福世界各国人民的伟大事业。文莱，以其独有的区位优势、自然条件以及在"东盟东部增长区"次区域合作中的中心地位，成为建设"21世纪海上丝绸之路"的重要一环。

蓝图已成，大势正起。在中文建交25周年的今天，越来越多的中国企业和中国人走进了文莱。中国港湾工程有限责任公司（CHEC）文莱PMB大桥建设团队就在其中。

从"5＋2、白加黑"到"24×7"

最近，晚上到文莱穆阿拉区舍拉萨（Serasa）公园游玩的人陆续增多，散步、夜钓、吃东西的都有。听公园餐厅服务员介绍："以前到了晚上可没这么好的生意，自从今年初中国人修建的大桥亮灯之后，这边的游客慢慢就多了起来。中国人建桥的速度可真快，这么快就通到大摩拉岛上去了。"其实，服务员口中的"大桥"只是文莱PMB大桥工程的临时栈桥，是为方便主桥建设而采取的一种施工措施。由于大桥建设采用的是白天晚上两班倒的作业方式，即业内人士经常提到的"5＋2、白加黑"，所以晚上栈桥上仍然灯火通明，一片繁忙景象。但这副画面却成了文莱人眼中的一道靓丽风景。

关于临时栈桥的故事还不少。记得刚开始申报栈桥施工方案的时候，PMB大桥工程业主单位文莱经济发展局是持怀疑态度的：一是文莱之前并没有栈桥施工先例，不知道是否安全可行，会不会影响工期；二是是否会影响航道通行。经过中国

2015年5月6日，大摩拉岛大桥工程项目签约仪式暨开工典礼在文莱举行，文莱首相署常任秘书杨木·苏莱曼（左4）、中国交建董事长刘起涛（左3）出席典礼并致辞。

团队的反复说明、论证，业主及当地海事局、海警、港务局等相关部门终于接受了栈桥施工工艺。正当栈桥施工开始的时候，一名当地履带吊司机望着伸进海里的栈桥却又退缩了，他怎么也想不明白，就这样几根钢管桩、几片梁、几块钢板，三下两下就把桥搭好了？就可以把吊车开到海上去了？一开始，他怎么都不愿意驾驶吊车往栈桥上走，经过中国司机的示范和带领，他才慢慢适应了海上平台施工的节奏。

文莱PMB大桥是中国港湾与文莱政府的第一次直接合作。万事开头难，只要肯登攀。大桥建设团队用时间和心血一步一步树立了中国企业形象，打响了"中国制造"品牌。时间再往前推，在PMB大桥投标阶段，大桥业主问到最多的问题就是："马来西亚槟城二桥是你们这个团队承建的吗？"并反复强调："中国有中国的做事方法，文莱有文莱的办事流程，你们要尽

快适应文莱的施工标准和程序。"一开始，业主对"中国制造"和"中国速度"还有不少质疑。2015年4月9日为大桥开工日期，建设团队开始陆续进场。不到一个月时间，5月6日，在文莱摩拉工业区的一块空地上，从无到有，由中国人一手承办了隆重而正式的PMB大桥开工典礼。文莱首相府常任秘书杨木·苏莱曼文、中国驻文莱大使杨健、中国交建董事长刘起涛出席了开工典礼，文莱政府及相关部门对本次开工典礼纷纷表示肯定与赞许。这时，业主还是在提醒大桥建设团队："在大桥的施工和管理过程中，凡事须参照文莱的办事规则和要求。"随后近四个月时间里，PMB大桥工程西岸临设建设完成，完成了物资设备引进工作，完成了施工用地的各项审批手续等。

2015年8月31日，文莱首相府副部长、原文莱经济发展局主席拿督阿里一行视察工程建设情况后，首次对中国团队做出的成绩给予高度肯定，期望大桥建设团队在文莱树立中资企业优质工程的典范。2016年4月1日，文莱达鲁萨兰企业工业园区管理处首席执行官Daniel Leong到PMB大桥调研考察，肯定了中国团队前期的工作及建设者为此付出的努力。他提出，大桥的建设对文莱未来发展具有重要意义，希望建设团队再接再厉，使PMB大桥成为文莱样板工程。

PMB大桥建设团队用不到一年的时间，给文莱政府及相关部门吃了一颗定心丸。一次工程技术委员会工作例会上，一位业主官员半开玩笑地说："终于见识了中国速度，大桥（栈桥）几个月时间就要合龙了，中国人确实蛮拼的，'24×7'全泡在工地上。"中国人谦虚地笑道："我们叫'5+2、白加黑'。"

黑米的幸福生活

黑米是一名文莱"90后"男生，是 PMB 大桥项目部招聘的小车司机，因名字发音相近且肤色较黑，同事们都这样叫他。黑米在去年工程开工不久就来项目部应聘，看他驾驶技术还不错，人也比较机灵，项目部便录取了他。文莱人生活悠闲，做事节奏较慢，即使有高额的加班工资吸引，他们也很少会选择加班，项目部以前招聘的几名本地司机都因工作强度较大而选择了辞职。自打成为项目部司机，黑米就告别了以前安逸闲适的生活，变成朝九晚五的上班族。他学习能力强，积极上进，很多事情教一遍基本就会了，不到一个月时间就能用中文叫出不少同事的名字了，所以很快就和同事们打成了一片。

文莱是一个非常传统的伊斯兰国家，全国禁烟禁酒并且基本没有娱乐生活。或许正是由于整个国家缺少娱乐市场，才使文莱人民有很充实的精神生活。据说在文莱，90% 的人都去过麦加朝觐，任何公共场所都有祈祷室。平时在办公室要是找不见黑米了，别担心，你一定能在祈祷室找到他。可见，祈祷已经成为当地人生活中不可缺少的一部分。就连文莱航空公司的飞机起飞前都会在屏幕上播放一段祈祷文，虽然听不懂，但是我们可以真真切切地感受到他们虔诚的祈祷以及富足的精神。

黑米"机灵"，确实不假，他知道项目部的另一名司机辞职之后，就主动找到了项目部劳资人员，推荐他的兄弟来面试。很快，兄弟俩就一起上下班了。兄弟俩做事都比较勤快，同事们和他开玩笑："你还有其他兄弟姐妹吗？也叫来上班呀。"他总是虔诚地回答："只要中国港湾需要，他们随叫随到。"

黑米"很忙"，因为他对当地的一些部门和市场比较熟悉，所以项目部会交给他一些开车以外的工作，比如买些东西或送信之类，他从没有怨言。他说："我大学毕业后，在餐厅、商场都打过工，但感觉那些工作谁都能做，学不到什么东西。以前文莱没有大桥，自从知道中国人来修桥之后，我就想来见证一下这座神奇的桥到底是怎样建起来的。这份工作是比以前的工作累一点，但如果能学到一技之长，也是件了不起的事情。"

2015年圣诞节前夕，黑米当爸爸了，项目部特意给他放了几天假。休假回来的黑米头发剪短了，给人感觉成熟了许多。"家人都对大桥建成充满期待，等大桥建设好了，我一定要带小孩来大桥看看走走，告诉他爸爸曾在这里工作。"黑米说起这话来，一脸的幸福与自豪。

虽然风俗习惯各异、宗教信仰不同，但是项目部的两国员工相处十分和睦，处处都体现了文化交融的影子。为了让中国

员工更好地融入当地，项目部特意邀请了当地员工授课，教大家学习基本的马来语。于是，我们常常可以听见当地员工说"你好"和大家打招呼，也常听见中国员工说"特里嘛卡塞"表示感谢。项目部喜欢足球的人不少，黑米知道了，便主动带大家找了一个踢球的好去处，不仅丰富了大家的业余生活，还组成了中文两支"国家队"，每周五晚成了项目部的"足球之夜"。春节来临之际，同事们都忙前忙后准备年货，布置项目部，黑米兄弟俩更是帮着一起挂灯笼、贴春联，项目部拔河、接力赛、游园等项目他们一个都没错过，完全沉浸在中国传统佳节的氛围中。这样的文化交融在每天的工作和生活中一直贯穿始终，并且还在进行。

要说与当地员工相处的秘诀，我们会说："就是两个字——尊重。互相尊重彼此的风俗习惯和宗教信仰，取长补短，多元文化就能和谐共生。"

拓一方市场，交一方朋友

PMB 大桥项目部在当地的一位供应商陈先生是一位地道的华人，他曾经说过：在文莱本就不多的人口中，华人的比例占了大约 15%，他们多数是来自海南、广东、福建的移民。在文莱，华人已经成为一股族群的力量，有各种华人组成的商会。毫不夸张地说，虽然华人只占了文莱人口的六分之一多，但是却掌握着该国 90% 以上的私营企业。

如今的世界时势已然变迁，面对扑面而来的全球化以及东盟一体化进程，中国在东南亚地区正在发挥着一个崛起的区域性大国应有的作用。特别是近几年，中国企业积极投资文莱各类项目，如有适当的配套及政策支持，这些投资合作将更能起到推升"一带一路"的作用。同事问陈先生，是否对"一带一路"有所了解，他笑着说，作为华人，还是非常关心祖国的各项政策，尤其是可以惠及他们的。听说"一带一路"进入了文莱市场，他们都非常开心，因为像他一样在当地久居的华人很多，或许他们长期积累的人脉及资源，正是中国企业打入文莱市场的重要渠道，若是可以将中国的资源和海外华人的资源结合起来，那么一加一将不等于二，而是更大的倍数。陈先生说，和祖国的企业一起合作，让他非常开心也非常自豪，更重要的是，祖国的人带给他一股冲劲、一股力量，一种他称之为"希望"的东西，他会尽自己最大的力量帮助祖国人民了解文莱这个有些陌生的国度。

Regalblue 是文莱当地的一家著名摄影制作公司，也是因为大桥和中国结缘。当时，中国港湾正在寻找摄影公司为大桥拍摄工程纪录片，Regalblue 主动联系到中国团队，希望能参与这项拍摄工作。来参与竞标的摄影公司有中国的、马来西亚的以及本地的团队，但 Regalblue 的拍摄方案最为经济适用，所以项目选择了他们。Regalblue 得知能与中国公司合作，感到十分荣幸，特意安排了一场正式而隆重的签约仪式，邀请当地政府部门与媒体出席和见证。Regalblue 摄影制作公司董事长奴莱茵说："中国公司有先进的建桥技术和管理经验，能与中国港湾这样一个国际化工程公司合作，我们感到很荣幸。中国人做事干练、效率高，希望在以后的合作中能相互学习促进，为文莱基础设施建设及发展共同努力。"

文莱人热情，中国人好客，大家很快就成了朋友。Regalblue 拍摄队伍中的哈里斯是地道的文莱人，平时就属他话最多，不分国籍，和谁都能搭上话，就是中国人口中的"自来熟"。刚开始，哈里斯对工地上的很多事物都充满好奇，在和现场技术员熟悉之后，就不停地问："为什么你们修桥要先在地上打洞呢"，"为什么修桥之前还要搭建另外一座桥呢"……有时，技术员也会和他开玩笑："你教我怎么用你的摄像机，我就教你怎么用这台水准仪"，"你教我怎么操作航拍的无人机，我就教你怎么用全站仪"……大家有来有往，充满乐趣。

中华文化的坚守

在和当地华人的相处过程中，更让人动容的是当地华人对于中华民族文化的执着和坚守。"即使在文莱这片土地上生了根，我们也始终坚持自己的母语教育"，这句话出自帮我们所在项目部处理签证事宜的柯太太之口，这是一位出生在文莱的华人，年近五十。她的祖辈从移民到文莱起，就特别重视华文教育。在文莱，华人社会对华文教育的认同感还是非常强的，多数华人都会送孩子入华校学习华文。当地华人社团和华文学校也会举办各种诗歌、作文甚至相声和华文歌曲比赛，强化根的意识。柯太太说，她的祖辈移居到文莱，除随身携带的少许物资之外，更重要的是带来了中国的传统文化、风俗信仰及人文精神。原以为远离家乡，年味会因距离而被稀释，可事实却恰恰相反。春节前一个月，文莱的各大超市都已开始出售各种灯笼、窗花和春联，条件好的华人家庭更是会请舞龙舞狮队伍到家中增添节日的喜庆；到了清明节和冬至，无论多远，他们一定会回乡祭祖。

这群华人早已在文莱落地生根，但是中国的传统文化一直代代相传。"中国"这两个字对于他们这一辈而言，或许有一种难以言喻的归属感吧。

"一带一路"同发展

习近平主席在博鳌亚洲论坛 2015 年年会上指出："一带一路"建设秉持的是共商、共建、共享原则，不是封闭的，而是开放包容的；不是中国一家的独奏，而是沿线国家的合唱；不是要替代现有地区合作机制和倡议，而是要在已有基础上，推动沿线国家实现发展相互对接、优势互补。

文莱政府也看到了"一带一路"所带来的发展机遇，这正好与文莱推出的促进经济快速和多元化发展、全方位引进外资、提高社会生产力、改善招商环境、大力发展基础设施的"2035 宏愿"蓝图不谋而合。

开花结果，人民受益。加强"政策沟通、设施联通、贸易畅通、资金融通、民心相通"，这"一带一路"倡导的"五通"，得到了文莱及文莱人民的热烈响应，成为推动中文深入交流与合作的关键之举。目前，中国企业已开始与文莱的建筑、金融、通讯、水利、媒介、医疗、文化、能源等多领域交流合作，不仅打下了坚实的民意基础，更有助于发掘深厚的人文资源，在交融往来中实现不同文明的互学互鉴，共同浇灌人类文明这棵参天大树。

未来，愿文莱可以将它更丰富多彩的一面展示给大家，告诉世界她不仅仅是一个富裕的产油国。希望能看到更多的"中国制造"在文莱崛起。

中·文两国人民友谊万古长青！
KEKAL ABADILAH PERSAHABATAN RAKYAT CHINA DAN BRUNEI

文化篇

艺术系纽带，友情添新篇
——南京杂技团赴文莱访演侧记

潘正秀
（中国前驻文莱使馆参赞）

1996 年 9 月 12 日中午，一架文莱皇家航空公司的波音 757 客机载着来自中国的南京杂技团抵达文莱达鲁萨兰国首都斯里巴加湾市，开始为期一周的访问演出。南京杂技团是 1991 年中文建交后，到文莱访演的第一个杂技团，也是中国访文的第一个文艺团组。

杂技团的到访受到文莱各界人士的极大关注和热烈欢迎。说起南京杂技团来访，真是件皆大欢喜的大好事。当时，中文两国建交不久，意识形态上存有差异。我们是新建的使馆，大使也是新派的，人生地不熟。为增进两国人民之间的了解，我们就想摸索着搞些两国之间的文化交流活动。考虑到杂技团没有多少政治色彩，不至于引起驻在国的疑虑，使馆决定先试探着从国内请一个杂技团来访。但相关程序办理起来，也不是一帆风顺的。文莱有个国际妇女俱乐部，主席是一位高官的夫人，她叫达丁·芳莎，对文莱的社会文化活动很积极。我到任后，她首先邀请我参加国际妇女俱乐部，并说各国大使夫人都是俱乐部成员。我听后，对她的邀请积极响应，立即办理了加入俱乐部的手续。在参加几次活动后，她发现我还是个很乐意联络与交往的人，就建议我出面搞点活动。这正是我个人，也是使馆希望我发挥的作用。因此，我在使馆搞了几次活动，其中包括中国春节期间的"开门迎宾"、迎接世妇会茶会、俱乐部成员到中国大使官邸学习包饺子等。文莱电视台和新闻媒体对上

刘新生大使夫妇在机场欢迎来自家乡的南京杂技团到文莱访演。

述活动都作了广泛的报道，在文莱首都引起的影响还不小。达丁·芳莎对我有了进一步了解，就想通过我搞一点更大规模的活动。这时，我建议俱乐部邀请中国杂技团来访。我的建议正中达丁·芳莎的下怀，但在商谈过程中由于经费困难而搁浅。最后，这一设想还是回到了官方渠道。

我们夫妇利用回国休假之机，先到文化部外联局，向局领导汇报说，驻文莱使馆新建不久，有意邀请国内的杂技团去访演一趟，得到外联局的认可和支持。考虑到南京与文莱历史上的特殊关系，他们准备让南京杂技团去访演。接着，我们夫妇利用回家乡探亲的机会走访了南京杂技团。我先生特别向该团负责人说明，这趟演出是一项文化交流活动，某种意义上也是一项政治任务。杂技团的几位负责人很有大局观念，表示对大使提出的一些要求会通告全团认真执行。考虑到文莱是个伊斯兰国家，演员表演时不能袒胸露背，必须在出发前在国内订制

特定的服装，对女孩子的衣服更是严格，违反有关规定的，不得参加演出。听了这些要求，调皮的女孩子们一个个伸出舌头做鬼脸，连连说"乖乖隆的东"（南京土话），真严啊！

　　经过千叮咛万嘱咐和认真准备，南京杂技团总算出发了。消息传来，文莱喜讯遍传。特别是华人，奔走相告。到达那天，文化部有关负责人和使馆官员早在机场迎候。我们夫妇站在最前列，打着欢迎横幅，举着小红旗，向杂技团演员们挥手致意。团员们迈着矫健的步伐走出机场，我们迎上前去一一握手，相互拥抱。

　　抵达当晚，文莱文化、青年和体育部长佩欣·侯赛因设宴招待南京杂技团。席间，侯赛因部长愉快地回忆起他1994年访问南京时受到的热情款待，他对南京人民的朴实、好客留下了深刻的印象，对南京杂技团来访表示热烈欢迎。

文莱文青体部长佩欣·侯赛因与杂技团演员合影留念，祝贺演出成功。

我是外交部派出的业务干部，这个杂技团又来自我的家乡南京市，因此，记者除就一些重大题材采访了我的先生外，还专门对我进行了采访。他们都喜欢问我对来自家乡的杂技团有什么特别的期待。我说，是的，家乡来了杂技团，我有一份发自内心的激动。我期待来自我家乡的杂技团能给文莱人民带来友好情谊与中华文化的灿烂光辉。记者还问我为杂技团的访问做了什么具体工作。我坦率地说，我们夫妇回国休假期间，曾到南京杂技团所在地探讨该团访文演出的可能性，然后到北京与文化部一起对杂技团出国访演的程序加以细化。可以说，对杂技团的选定、节目安排、服装道具的采用等，我都参加了意见。我还亲自与文方进行了商谈和联络。杂技团演员中不少是孩子，我从内心里疼爱他们。杂技表演中有的动作是很危险的，我特别担心孩子们身体受到伤害。团员们都知道大使夫人来自南京，都亲热地叫我"大使夫人阿姨"。我告诉他们，叫我"潘阿姨"就行了，不要那么复杂。他们说不行，叫"南京潘阿姨"。我说，还是复杂，干脆就叫"南京阿姨"。他们说，这好，这好，就叫"南京阿姨"。于是，这些孩子们总是一路围着我，亲热地叫我"南京阿姨"。后来，我回国休假到南京，他们也是这样叫我。

　　9月14日晚，南京杂技团在文莱皇家航空公司俱乐部举行首场演出，侯赛因部长、文青体部和内政部副部长等政府高级官员、各国驻文莱使节夫妇及各界朋友应邀出席，能容纳上千人的体育馆内座无虚席，气氛热烈。中国大使首次用他娴熟的马来语在这么大的范围（过去都是在较小范围）发表简短致辞，引起观众一片惊讶的"哇，哇"声。他首先欢迎客人光临南京杂技团访问文莱的首场演出，衷心感谢文莱苏丹陛下政府对南京杂技团来访给予的宝贵支持，同时感谢文青体部各级官员以及各界朋友为南京杂技团访演成行所做的大量工作和提供的大力协助。大使介绍说，杂技是中华民族的艺术瑰宝，是一种不受语言限制，可为各国欣赏，老少皆宜、喜闻乐见的艺术形式。南京杂技团是中国优秀杂技团之一，曾先后到亚洲、非洲、拉丁美洲、欧洲的30多个国家和地区演出。该团节目技艺精湛、表演新颖，其中有的节目在国内历次杂技比赛中被评为优秀节目，有的节目还在国际比赛中获得过大奖。大使在致辞中还简单回顾了中文两国人民友好交往的历史及南京与文莱早在15世纪就开始进行交往的情况。他说，现在南京杂技团作为中文建交后第一个中国文艺团组来文莱访演，标志着两国人民之间的传统友谊正在进一步加强。

中国大使用当地马来语发表讲话，不仅表示对驻在国人民的尊重，赢得全场观众阵阵掌声，也为杂技团的演出营造了热烈的气氛。紧接着，杂技演员在悠扬的乐曲声中轮流登台，他们以精湛的技艺、新颖的表演和优美的造型征服了观众。《皮条造型》演员以翻转起伏、姿态奔放的动作充分展示了青春活力；《滚杯》演员额头顶着用几层玻璃杯组成的彩塔辗转翻滚，塑造出各种优美造型；《椅子顶》演员的高难度动作，惊险奇异，扣人心弦；口技演员生动形象地模仿飞鸟吱叫、万马奔腾、乐队演奏和婴儿啼哭，更是惟妙惟肖，引人入胜，逗得观众捧腹大笑；魔术演员刹那间从观众席里钓出一条活蹦乱跳的大鲤鱼，令全场哗然；《车技》演员的孔雀开屏，构图新颖，气势磅礴；《转碟》演员姿态优美，构成了一幅幅百花盛开、彩蝶纷飞的美丽画面。观众不时为杂技演员的精彩表演发出声声赞叹和热烈掌声。当演员谢幕时，全场掌声雷动，经久不息。

南京杂技团首场演出在文莱引起了轰动，一时在当地掀起一股"杂技热"。南京杂技团先后在文莱首都及外地演出四场，

首演后的几场演出观众更多，场场爆满，一些观众没有座位，只好席地而坐，或站着观看。对演员来说，演出条件是很艰苦的，场内气温高达三十四五度，没有专门的舞台，设施不配套，但每位演员情绪饱满，一场比一场演出效果好。每场演出后，都有好多观众不愿离开，围着演员仔细端详，有的与演员合影，有的找演员签名留念。不少文莱朋友说，他们从未看过如此精彩的文艺表演，整场演出是一次美的享受，中国杂技太棒了！有的观众带着孩子一连看了几场。还有很多人没看上杂技团演出，感到十分遗憾，他们表示要找个时间到南京去旅游，顺带去看场杂技演出。我给他们出了个主意：和演员交个朋友，互相留下姓名与地址，到南京后，去找他们，不要说一场了，看几场也不成问题。

我的房东是位马来人，他在杂技团演出的前一天给我打电话，说："夫人，我是很少给你打电话的。"他说了一半，我就知道他什么意思了。我也卖个关子："那先生今天打电话肯定是有事咯。我是在你的屋檐下，有事我一定照办。"房东是位很聪明的人，他听出我是答应了他的请求。但他还是不放心，接着又问："大使夫人，你知道我们马来人都是大家庭，我可不能把有的孩子丢在家里哟！"我就很痛快地回应他："那就全带着吧！"房东接着说："夫人，我就等你这句话。"第二天，我到现场一看，他们家有的孩子有座位，有的坐在地上，那只能对不起了，因为观众实在太多。还有一位华人侨领的夫人抱着个孩子坐在楼梯口看，我感觉不太好，便走上前去问候了一声。她说，大使夫人，这是我看的第二场了，第一场是用使馆的邀请券，坐在贵宾席。孩子非要再来，我又陪着他来了。我只好说："可怜天下父母心啊！"这位侨领的夫人心眼特好，她为这些小演员的演技所感动，当场还给他们发了红包。

当初，我与文莱国际妇女俱乐部主席达丁·芳莎为邀请南京杂技团访文演出，曾作出巨大的努力，虽因经费问题未果，但她毕竟是倡议人，我不能忘记人家。因此，在南京杂技团来访时，我特意把达丁·芳莎夫妇请来看演出。她很感动，说我是个不忘朋友的人。我说："我们不是一般的朋友，而是老朋友。"大约十年后，我重返文莱，在一个六星级饭店遇到他们全家在吃饭。达丁可兴奋了，执意要请我们夫妇吃饭。无奈我们日程已经排满，没有接受。她便要我承诺下次来一定要事先通知她。我是作了承诺，但做起来很难，毕竟我们已进入耄耋之年，不想远行了。

一些旅居文莱的老华人激动地说，他们等待了半个世纪才看到中国杂技，恳请杂技团多留几天。我给他们解释，这是国家之间事先商定的事，不可以随便改动的。9月19日凌晨，杂技团演员搭乘班机要离开文莱时，一群酷爱中国杂技的"追星族"深夜从远离首都的白拉奕地区驾车两个小时专程到文莱国际机场送行，情景十分感人。当地的报刊、电台和电视台对南京杂技团访演活动作了大量报道，称南京杂技团的精湛演出使文莱公众大开眼界，演员的惊险表演令人赞不绝口，叹为观止。他们期待中国杂技团再次来访。

中国与文莱间的交往有着悠久的历史，但在近代史上，中文交往一度中断了。此次南京杂技团在中文建交五周年前夕赴文莱进行了成功的访问演出，这些艺术使者用他们的辛勤汗水浇灌了中文友好的绚丽花朵，为两国源远流长的友好关系史又增添了新的一页。我们夫妇对南京杂技团的到访感到无比兴奋，毕竟，我们看到了两年来不懈努力的成果。这不仅是开创中文两国文化交往的一个重要事件，而且杂技团演员全部是来自我家乡的亲人，这又给我增加了一份特别的亲切感。9月18日晚，我们夫妇在官邸举行晚餐会款待全团人员，祝贺南京杂技团访问演出成功。饭后，使馆人员与杂技团联欢，尽情唱歌和跳舞。我们夫妇一连唱了好几支歌曲为联欢会助兴。直到深夜，我们才依依不舍地送走为中文友好关系发展作出贡献的亲人们。

充满感动和掌声的文化盛宴

——记中国残疾人艺术团文莱演出

翟 伟

（新华社记者）

椰影婆娑，浪逐白沙。安宁而富有热带风韵的文莱于 2004 年 2 月底迎来了一批远道而来的中国客人。中国残疾人艺术团一行 70 人应中国驻文莱大使馆和当地华人的邀请，于 2 月 25 日抵达文莱首都斯里巴加湾市，并在一周内在斯市和马来奕展开三场"我的梦"大型演出。

当地媒体称中国残疾人艺术团是"美与友谊的使者"，并评论说："这是一场充满感动和掌声的文化盛宴。感谢中国残疾人让文莱健全和残障人知道：有梦，人间就有温情与希望。"

鲜有满场的花园剧场破天荒出现一票难求

除了中国香港歌星张学友、美国巨星迈克尔·杰克逊之外，很少有艺术团体或歌手能让有 4000 个座位的斯里巴加湾市遮鲁东花园剧场出现满场的情况。可中国残疾人艺术团 2 月 27 日、28 日举行的演出改写了剧场的纪录。

时任中国驻文莱大使魏苇透露："我曾一天接到 70 多个电话，都是希望我们帮助购买演出入场券的。可我们也是爱莫能助，所有的票几乎早在演出前就已经销售一空。"

2 月 27 日晚，文莱王后、两位公主以及其他皇室成员、文莱政府官员、各国驻文莱大使都身着盛装观看演出。

彩灯摇曳，弦乐声声。在中国民族乐器琵琶的伴奏下，由邰丽华等10多位聋哑演员表演的舞蹈《千手观音》在如梦如幻的艺术氛围中拉开了演出的序幕。华丽的服饰、优美的舞姿，出神入化地演绎出女神活脱优雅的形象，再现了莫高窟壁画艺术在盛唐时的绚丽风姿，赢得了现场观众的一片掌声和惊叹声。

一轮明月悄然升起，如泣如诉的二胡声回荡在挂满繁星的天幕。从小因患软骨症而导致身体还没有二胡高的王雪峰，娴熟地拉起《二泉映月》《赛马》，用乐声描绘舒展广阔的心灵和万马奔腾的景象；无臂青年黄阳光用他十几年磨炼出的可以料理一切生活的双脚，跳出充满诗情画意的独舞《秧苗青青》，尽抒乡间劳作的辛勤与愉悦……

盲人杨海涛在舞台上用马来语说出"你们好，很高兴来到文莱"时，场下一片惊奇之声。他用马来语演唱的歌曲《盲人的命运》让不少观众流下了泪水。委婉动听的独唱《天堂》，更是唱出了他心目中的"蓝蓝的天，绿绿的草；美好的世界，幸福的天堂"。

中国残疾人艺术团在文莱表演舞蹈《千手观音》。

文莱王后亲莅遮鲁东圆形花园剧场观看中国残疾人艺术团"我的梦"演出。（供图：中国残疾人艺术团）

　　无论是激越奔放的演奏，还是舒展优美的舞姿，相继登台的一位位特殊艺术家，用有限的身体挑战艺术的无限，让梦想在这里变成现实。他们的坚强意志和对艺术美的追求赢得了如潮的掌声，更播下了希望、友谊的种子。

　　"生命的梦啊，就像今夜的礼花如此灿烂！"深情的《我们是世界》的旋律在花园剧场回荡……当文莱的残障人士将手中的鲜花献给来自中国的残疾人朋友时，场上的气氛达到高潮。文莱王后也微笑着走上舞台，和演员们一一握手，并连声说谢谢。在如雷的掌声和欢呼声中，王后与全体演员合影留念。

不愿离席的观众为中国演员鼓掌10分钟

　　当地一位华人说，文莱的观众尽管从不吝啬自己的掌声，但一般演出掌声绝对不多，更不持续。当晚，中国残疾人艺术团"我的梦"演出结束后，人们久久不愿离席，纷纷站在自己的座位旁，大力地给予持续了近10分钟的掌声。

应邀观看演出的20多个国家驻文外交官和夫人也都起立鼓掌。"演出证明，中国残疾人十分优秀，他们做到了许多健全人都难以做到的事情。今晚让我感到十分幸福和难忘，"巴基斯坦驻文莱高级专员 Badr-ud-Deen 说。

"我虽然没有到过中国，但我知道中国的长城。"文莱宗教部官员马哈尼·哈吉苏哈丽激动不已，"今天中国朋友们的演出让我更多地了解了中国，更多地感受到了中国人民的友谊。"

来自英格兰的杰茜·澳玛急切地找到现场的中国残疾人艺术团工作人员，说："舞蹈太精彩了。女演员的手柔软得像丝绸，我很想弄明白，她是怎么创造的这个奇迹？！"

文莱肢体残疾人郑天强费力地来到后台，拉着盲人演员王宾的手说："中国残疾人的演出给我们残障人士以启发。人有梦想，才能不断前进。"

邀请中国残疾人艺术团访问的斯市中华商会秘书长陈家福

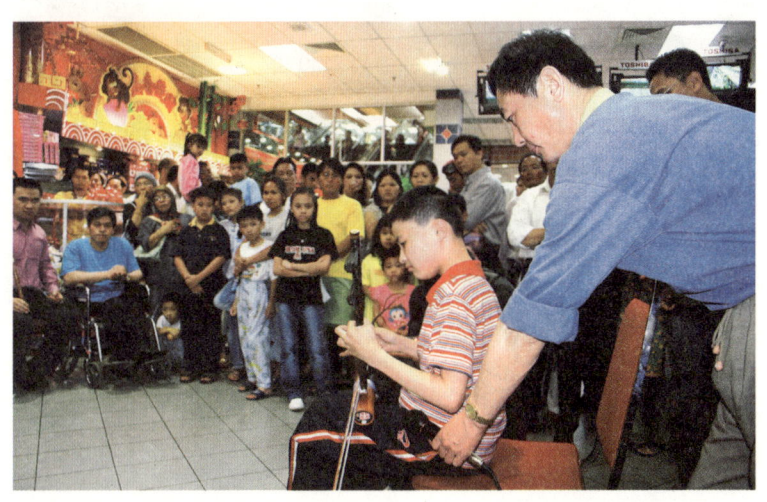

中国残疾人艺术团为文莱儿童机构表演。
（供图：中国残疾人艺术团）

难抑兴奋之情，他激动地说："今天是我最高兴的一天。文莱王后、公主以及9位内阁部长观看演出，级别之高，这是第一次。"

"我是含着泪水看完这场演出的。"演出结束后，魏苇大使激动地走上舞台，向演员们深深地鞠了一躬。他说："我为作为一名中国人感到自豪。"

在有3300名学生的文莱中华学校，中国残疾人艺术团受到了全校师生的热烈欢迎。在与师生的交流中，有学生问，残疾人如何克服残疾带来的心理障碍，走出人生的春天？盲人演员毛镝说，虽然有身体残疾，但我们对艺术的追求和对人生的态度与健全人是一样的。残疾并不代表一切，相信有乐观和积极的态度，人生同样精彩。

文莱中华学校校长许月兰表示："中国残疾人超人的意志与智慧，他们用心去创造奇迹，对我们每一个人都有启发，也让学生们了解到，每一个成功的背后都是辛勤的汗水。"

团长王原说，艺术团带着全中国6000万残疾人的精神，

文莱公主本基兰如依沙尔（中）特意邀请中国残疾人艺术团团长王原（右3）、聋人演员邰丽华（右2）等到家中做客。公主说："你们的演出历时2个小时，可我感觉好像才20多分钟。"（供图：中国残疾人艺术团）

走访世界 30 多个国家和地区，通过表演向世界各地展现了中国残疾人的良好精神和风貌。

演出取得的效果比作多场演讲都有效

中国残疾人艺术团的三场演出获得当地群众的高度评价，也受到了当地新闻媒体的关注。华文报纸《国际时报》《文莱联合日报》《诗华日报》和文莱广播电台中文台、英文报纸《文莱电讯》、文莱电视台都派出记者跟随采访艺术团的活动，并报道演出情况。文莱电视台连续 15 天在新闻节目前播出中国残疾人艺术团即将访问演出的广告。还有报纸专版刊登艺术团全体演职员名单。

《国际时报》主任刘坤章说："这是近两年来中国国家级文艺团体首次访问文莱，中国残疾人的演出，不仅对当地残疾人士是一种激励，更可以激发人们对生命意义的思考。"

文莱广播电台中文台《相约星期五》节目主持人小雨来到

文莱报纸对中国残疾
人艺术团演出的报道
（供图：中国残疾人
艺术团）

艺术团下榻的酒店，采访了团长王原和几位残疾人演员。她详细了解了艺术团的历史、演员对文莱的感受等。采访结束时，她说："这是炎黄子孙的骄傲。"

当地英文报纸《文莱电讯报》称："这是一场震撼人心的演出，中国残疾人以他们的才华和勇气为观众奉献了一台世界级高水平的演出。"

魏苇大使对记者表示："两国虽然在政治、经济、文化等方面有不同，但人民之间的真情是相同的，那就是爱心。文化可以跨越时空、疆界，相信通过文化的沟通，可以增进两国人民之间的了解。"

"演出取得的效果比作多场演讲都有效，"魏苇说，"中国残疾人艺术团是中国的民间友好使者，他们以特殊的方式塑造艺术，展现中华文化的精髓，架起了一座友谊的桥梁。"

（原载 2004 年 3 月 3 日新华网）

文莱大学及其首批中国留学生

潘正秀

（中国前驻文莱使馆参赞）

文莱大学是文莱唯一的高等学府，建于 1985 年，最初在斯里巴加湾市旧校舍，1995 年迁入现址。1976 年，尚未独立的文莱对本国高等教育设施进行了一次全面检查，在这次检查的基础上，有人提出了建立一所综合性大学的设想。经过讨论，在设在文莱的"英国理事会"（负责文化事务）的协助下，成立了一个建校指导委员会，一批专家参与此项工作，但直到1984 年文莱独立前，这件事未进行积极的筹划。1985 年 4 月23 日，文莱苏丹陛下宣布从国家利益考虑，文莱须有自己的大学，并指令尽快作出安排。有关部门在相当短的时间内，在文莱教育学院附近找到几座楼房，并进行了一些改造与装修，建成文莱大学临时校园。在国外一些大学和文莱教育部建校委员会的指导下，大学制订了第一个学位课程计划，与英国加的夫大学和利兹大学建立了正式学术联系，这两所大学帮助执行英语教学计划。马来语教学计划由马来西亚理科大学和国立大学执行。当时教学人员来自英国、马来西亚和新加坡，现在，教学人员来源更广泛了。

1985 年 10 月 28 日，文莱大学正式开学，第一批招收学生 176 人。1988 年，苏丹哈桑纳尔·博尔基亚教育学院并入文大。1995 年，文大迁入新校址。文大现有学生 1500 人、教职员工 300 人。文莱苏丹陛下为该大学校长。

文莱本国学生凭高中毕业考试成绩或相当于这一级的考试

成绩报考该大学，学校接受新生委员会认为对该学生成绩满意即通知到校面试，如果面试也满意，再经过政府承认的医生的体格检查，合格者可入学。新学年每年 8 月开始。本国公民可享受奖学金，奖学金分两类，一类是文莱政府奖学金，一类是私人企业奖学金。申请文莱政府奖学金的，要到文莱教育部奖学金和福利处领取表格。申请私人企业奖学金的，可直接从学校注册官办公室领取，都有一定的审批手续。外国学生申请奖学金的，分不同情况。来自英联邦国家的学生要申请文莱政府奖学金，必须从文莱教育部奖学金和福利处领取表格；东盟和中东伊斯兰国家的学生到本国或邻近国家的文莱使馆领取申请奖学金表格，或直接写信向文大新生注册与学生档案处索

取。本国与外国学生有关表格必须在学校通知的截止时间内寄到学校。

文莱大学作为文莱唯一的综合性大学，以通过教学、科研与服务社会三条渠道为国家提供人力资源为其使命。教学是该校的主要任务，旨在根据国家指导方针，在知识、技能、仪态、道德和精神价值观等方面培养学生，使其成为适合国家需要的人才。科研是学校的第二大任务，学校鼓励教职员与学生进行研究，特别是国家建设与经济发展需要的实用科目研究。第三大任务是服务社会，因为学校的教职员在某些专业上具有特殊的技能，可走出校园与外界建立联系，为社区提供服务。学校也向社区作适当宣传，以便社区有需求时，可向学校提出。

学校制订了以下几项目标：（1）提高学生学习质量；（2）适当时候在一些专业提供学后深造机会；学生人数至少要增加一倍；（3）强调实用科学研究；（4）在社区内积极进行宣传，提供咨询、服务和再教育；（5）继续提高教职员素质，把现有人数增加到适当水平；（6）改善后勤服务设施，以保证教学、研究与管理的高水平；（7）对当前与未来的需求和挑战作出及时有效的反应。文大教学方法鼓励学生充分利用学校的设施，开发自学与独立思考的能力。

文莱大学由文莱著名建筑师伊德里斯及其属下的公司设计、施工。校舍设计风格之精美，与爱国华侨陈嘉庚老先生所建的厦门集美学村有点相似，但作为一个学校，其建筑用料之上乘，是我在国内及我到过的几个国家中没有见过的。整个校园可以说是一座花园，一色白墙红瓦的校舍建筑分布在高低不平的丘陵地带，天然森林和灌木与人工栽培的各色花卉点缀其间，蓝天白云与大海相陪衬，构成一幅极美的画卷。生活与学习在这个校园极其舒适与方便，每幢教学楼与图书馆等建筑之

文莱最高学府——文莱大学行政大楼。

间有北京颐和园长廊式的建筑相串通联系，师生在校园内走动既晒不着太阳，也淋不到雨。

国外聘请的教职员在校园内提供住房，本地教师由学校出资在校外为其租赁房舍。现有学生一半可在校内住宿，男女宿舍分不同的区域，分别管理。本地学生驾私家车上学，学校辟有专用停车场。校舍和教学设施达国际一流水平，但因建校时间尚短，特别是师资力量不够，教学质量目前尚不尽如人意。学校共分6个院系：（1）苏丹哈桑纳尔·博尔基亚教育学院。内设7个学科，即文科与社会科学、基础教育、心理学教育、语言教育、数学与理科教育、在职教育、儿童早期教育；（2）管理与行政研究学院。内设公共政策和行政与管理研究系；（3）理科学院。内设6个系，即生物学、化学、石油地质、数学、物理、电气与电子工程；（4）文科和社会科学学院。内设6个系，即经济学、英语和语言运用学、地理、历史、马来语言和马来文学；（5）伊斯兰研究学院；（6）文莱研究中心。在教学辅助单位中，有图书馆、电脑服务中心和教育技术中心。在学生管理方面，还有学生事务处，以及负责管理学生宿舍与膳食、学生福利、课外活动和对学生进行指导与咨询的科室。学生自己还有学生会和俱乐部等组织。

文莱大学坐落在南海之滨，既像避暑胜地，又像是旅游乐园。我曾带国内来的客人多次到校园参观游览，对校园之美丽和设施之先进留下深刻印象。当时，我萌发一个想法，如果能从国内派几名学生到这里来学习或进修，该多好啊！1996年11月，我们夫妇回国休假期间应邀到中国国际广播电台马来语组介绍情况，在交谈中了解到，该组编译人员迫切希望有机会到文莱进修马来语。这更使我们坚定了办理中国学生来文莱学习的念头。但是，这个想法当时实现起来还是有一定难度的：

刘新生大使宴请文莱教育部长佩欣·阿齐兹（中）。

中国与文莱建交才几年，两国尚未正式签订教育协定，学生交流还提不上日程。

1996年12月，文莱教育部长佩欣·阿齐兹的女婿、文莱外交部主管中国事务的官员佩义兰·阿兹兰受命到文莱驻华使馆任职，我们夫妇借此机会请教育部长全家吃饭，同时也为阿兹兰送行。当然，我们主要还是想利用这个机会与教育部长当面探讨一下中国派留学生到文莱学习的可能性。

当晚的宴会气氛很好，教育部长谈到文莱与中国历史上的密切交往、中国悠久的文化传统对文莱的影响，对其女婿被派往中国工作非常高兴。他认为中国可看的地方太多了，可做的事也很多，鼓励女婿和女儿到中国后多多学习。双方兴致正浓时，我先生表示：中文建交特别是互设使馆为两国各个领域关系的发展提供了便利条件，随着两国关系的深入发展，为促进两国之间各个领域的广泛交流，中方感到有必要培养更多马来

语人才，不知文方能否接受几名中国留学生到文莱大学学习马来语。阿齐兹部长说，文莱迄今只向东盟和少数阿拉伯国家提供有限的奖学金名额，如果中国朋友想派学生来文莱学习马来语，可以提出书面申请，教育部愿给予积极考虑。

我先生立即将此信息转告中国国际广播电台，并责成我今后具体负责此事。在收到国际电台回复及推荐人选后，大使于1997年4月28日一并致函阿齐兹部长。6月5日，大使收到文莱教育部常秘复函，告知文莱政府同意向中方提供两名留学生奖学金名额，为期一年。有关具体事宜，请大使与文莱大学进行商谈。文方答复之快，超出预料。原以为难以办到之事，经过努力终于成为现实。这为两国交换留学生、开展教育交流奠定了良好基础。

6月25日，大使往见时任文莱大学副校长佩欣·阿布·巴卡尔（现任文莱教育部长），就中国国际广播电台马来语部拟派两名职员作为留学生来文莱大学进修马来语的具体事宜进行商谈。佩欣表示，文大已从文莱教育部得到了有关中国将派孙兰凤和耿卫东两位女士来文莱进修马来语的通知。这是中国学生首次到文莱学习，文大对此表示欢迎，校方十分重视，已责成马来语专业为两名中国进修人员专门制订一个教学大纲，预计两星期后可向中方提供。佩欣告诉大使，文大新学年分两个学期，第一学期从 8 月 4 日开始，12 月 6 日结束。12 月 7 日至 1 月 11 日为假期。第二学期从 1 月 12 日开始，5 月 16 日结束。5 月 17 日至 8 月 2 日为假期。假期中，校方将为进修人员安排强化训练或去文莱电台实习。中方两名进修人员应于 8 月 4 日即新学期开始前抵校，办理有关报到注册手续。

除了学期安排外，我先生最关心的是中国学生来文后的待遇，他婉转地问了一下。佩欣告，文方将向中国两名进修学生提供为期一年的奖学金。一般做法是，文方向学生免费提供食宿、医疗和书本开支，每月另发300文元（约合200美元）零用费和50文元（约合30美元）市内交通费（中国学生到校后，实发零用费是500文元，包括交通费在内）。往返文莱的国际旅费亦由文方提供。有关中国进修人员的奖学金数额和其他待遇，他表示向文莱教育部了解后再通知中方。听了佩欣的一番话，我先生心里感到既踏实又欣喜，他没想到中国留学生来文进修事这么快得到落实，更没料到文方为中国学生提供这样优厚的待遇。他自己曾在印尼留过学，还到过几个使馆，对一般国家的留学生待遇是了解的，特别是在一些发展中国家，中国留学生的条件是十分艰苦的。

孙兰凤和耿卫东两位女士因国内办理有关手续延误，8月27日才到文莱。当时我们夫妇在国内休假，9月返馆后，因为休假一个半月，积压好多事情要处理，未及了解学生来文后的情况。过了一段时间，我先生派我及使馆一位女同志到文莱大学去看望两位学生（因为文莱大学管理很严，加上伊斯兰教规，男士不便到女生宿舍）。我把我先生的几点意见向留学生作了转达。他总的想法是，文莱大学总共才有十多年的历史，至今只接受东盟和一些伊斯兰国家的少量留学生，奖学金名额更少。在中文两国尚未在教育领域开展正常交流的情况下，文莱向中国留学生提供奖学金，这是文莱政府对中国友好的表示，来之不易。因此，他让我向两位学生转达，希望她们努力学习，遵守学校纪律，尊敬师长，尊重马来习俗，与文莱本国学生及外国学生友好相处；要求她们两位作为中国第一批留学生，要给校方和文莱学生留下良好的印象，为以后我国留学生来文深造打开一条通道。孙、耿两位女士已在中国国际广播电

台工作多年，马来语也有相当的基础。她们非常珍惜这次进修机会，对文方提供的学习条件非常满意。她们对使馆与校方从不提出任何过高的要求，总是集中精力努力学习语言和其他知识，与同学及老师相处很好，我对她们的表现感到满意。我也经常把她们的在校表现向大使汇报。大使让我转告她们，有什么困难，可及时向使馆提出，使馆会尽量为她们排忧解难。

中国学生与来自日本及其他东盟国家的留学生同住在女生宿舍区内一幢外国留学生宿舍楼内，宿舍区门口设传达室，外来人特别是男士不得随意进入。每幢宿舍楼一层为起居、会客场所，校方规定男生不得进入女生宿舍楼内，有事只能在门外交谈。二层以上住人，每个学生一个单间，内有单人床、组合衣柜、电扇等。每层有罐装煤气与灶台配备齐全的公用厨房以及卫生间、洗澡间、洗衣室。除学生宿舍自己打扫外，其他公共场所有专人每天打扫。学生伙食标准为每人每月 300 文元（约合 200 美元）。饭菜很丰盛，早餐牛奶、面包、鸡蛋都有，午餐和晚餐牛肉、鸡肉、鱼肉与蔬菜搭配，荤素皆有，营养丰富。因此，学生基本上不必再到公用厨房自己做饭，当然，要想偶尔开个小灶，调剂一下生活，也很方便。这样的条件与当时我们国内的学校相比，实属优越。

听说，本国学生除三餐外，一天还有几次茶歇和祈祷，有的文莱朋友担心学校条件太好了，学生是否能集中精力学习。我倒是对中国学生不担心，因为中国学生对环境的适应能力较强，条件艰苦会激励他们克俭向上，条件好了，他们会更加珍惜而勤奋耕读。我因为管理留学生的原因，经常到文大去。对文莱大学提供的条件，我非常羡慕。我在与大使闲谈时说，我的年纪太大了，要不然真要争个名额，到文莱大学镀镀金。

中国教练在文莱

刘新生

（中国前驻文莱大使）

　　1994年1月6日，我向文莱苏丹哈桑纳尔·博尔基亚陛下呈递国书后，开始各项拜会活动。在一个半月里，我拜会了除财政部长（苏丹最小的弟弟，一般不接受外国使节拜会）外所有内阁部长、副部长和大部分各部常务秘书等政府高级官员。我总的感觉是，文莱各级官员均十分重视发展与中国的关系，态度诚恳，热情友好。

　　2月19日，我拜会了文莱文化、青年和体育部长佩欣·侯赛因先生。侯赛因部长系文莱枢密委员会成员，1986年10月出任文青体部长兼国家奥委会副主席，曾多次代表文莱出席国际体育方面的会议。他除主管体育事务外，还兼管文化、青年和社会福利事务，是文莱内阁中的一位"重臣"，颇受苏丹

刘新生大使拜会文莱文青体部长佩欣·侯赛因（中），就两国文化交流合作交换意见。

陛下的赏识和信任。侯赛因部长年轻时曾是文莱国家足球队的一名优秀队员，他虽已年过六旬，但看上去仍十分健壮。他思维敏捷、精明强干、十分健谈。会见中，侯赛因部长开门见山地说，文中两国有着长期友好交往的历史，建交两年多来，两国关系发展很好，两国之间不存在任何问题，两国应加强在文化、青年和体育领域的交流与合作。作为起步，文莱准备从中国聘请一名男羽毛球教练来文执教，训练青少年运动员。他还说，文莱是个小国，但羽毛球和足球相当普及。文莱要学习中国的经验，从抓青少年开始，聘请中国教练来文执教的目的，是希望为提高文莱今后的羽毛球运动水平打个基础。我当即表示完全赞同侯赛因部长的意见，并表示中国十分乐意在体育领域与文莱加强交流和合作。关于聘请羽毛球教练来文执教事，我将尽快报告国内有关部门。我还说，目前中国已有不少教练在国外执教，除羽毛球项目外，如果文方还需要其他项目教练，中方也会积极提供协助。

经过数月联系，中国国家体委人才交流中心于1994年8月派遣了一名原湖北省羽毛球队的教练来文执教。由于中国教练执教刻苦，认真训练，文莱羽毛球运动员在1995年5月的澳大利亚"阿拉弗拉体育节"上击败了澳大利亚、菲律宾、斐济和香港选手，夺取了男子单打冠军，为文莱获得一枚可贵的金牌。文莱体育代表队回国后，文青体部举行了庆功会，我也被邀请出席，分享此份欢乐和荣誉。继羽毛球教练之后，中国一名田径教练又应文方聘请于1995年11月来文执教，训练文莱"三铁"（铁饼、铅球和标枪）运动员。经过四个月的"试用期"，该教练被聘为正式教练，合同期为两年。

1996年2月8日，文莱外交部常秘林玉成先生打电话给我说，外交部长穆罕默德亲王殿下有意从中国聘请一位武术教练于 2 月下旬来文任教一个月，主要教授亲王本人防身用的擒拿格斗术。因文方要求很急，又是外交部长自己要学，于是我亲自操办此事。我立即同国家体委人才交流中心联系商谈此事，要求他们选派一名武功较好、有教授武术经验的武术教练来文短期执教。文方提出要求时，正碰上中国春节假期，给选派工作带来一定困难。但人才交流中心办事非常认真，特别是肖桃武主任亲自经办此事，决定选派高美涧教练来文短期执教。高教练 1982 年毕业于北京体育学院（今北京体育大学）武术系，曾参加过全国武术套路比赛，获规定拳冠军，此后还两次获得全国武术散手比赛 56 公斤级冠军。他 1982 年出任中国武术协会专职教练，并曾于 1989 年和 1994 年赴日本和美国教授武术散手和擒拿格斗术。

人员选定后，何时能成行又成了问题，因为出国手续审批和办理护照、签证等不是三五天可以完事的。文方再三催问我教练到达日期，外交部长明确提出要中国教练 3 月 4 日前来文，并通知了文莱驻华使馆主动找高教练到使馆去办签证。我们几乎天天与体委人才交流中心联系，肖主任在国内加速运转，我也打破常规给我们外交部及有关部门领导直接打电话。终于，高教练按照亲王的要求，于 1996 年 3 月 4 日由北京乘文莱航空公司班机顺利抵达文莱，我也算松了一口气。高教练在旅馆安顿好后，文方即通知他，亲王当晚在其私邸等他去教授武术。高教练不顾旅途疲劳，欣然同意。我得知此消息后，立即向高教练交代：（1）亲王是文莱苏丹胞弟，当苏丹不在国内时，他就是代理苏丹，在国内地位很高，是文莱二号人物，见面时一定要注意礼貌。我还扼要地向高教练介绍了文莱的一些礼节和习俗；（2）在教授武术时要注意循序渐进，逐步加大运动量；（3）重点教授亲王一些健身和防身套路武术，在练习时千万

要注意安全，避免亲王因掌握不当而自伤。

在短短一个月的教授过程中，高教练与亲王之间建立了十分融洽的关系，成为朋友。高教练对亲王待人之谦和感触很深，他没想到亲王作为一国一人之下、万人之上的王室人员，竟然一点架子也没有，这使他原来的紧张心情很快放松了。自他与亲王第一次见面后，亲王就根据中国的习惯，称呼高教练为"师父"，还不时与教练开个玩笑，这就更加拉近了两人之间的距离。在听取教授和自己练习时，亲王总是非常认真，每次都是练得汗流浃背，气喘吁吁。

4月1日，在短期习武即将结束之前，亲王邀我去他的私邸观看他习武的情况。他对高教练说，要与刘大使比试比试。我看到亲王精神焕发，体质有了明显的增强，就对亲王说，亲王殿下现已武艺高强，我当甘拜下风。亲王殿下哈哈大笑，并兴致勃勃地为我表演了一个月中他所学的一些招式和套路。当然，我感到他与我国的一些专业武术运动员还是无法相比，但

1993 年 6 月，文莱外交部长穆罕默德·博尔基亚亲王在南京拜谒浡泥王墓。

对一位在不惑之年才开始习武的外国人来说，能学成这样真是个奇迹，我无法不佩服他的毅力与恒心。亲王殿下再三感谢我为他选了一位很好的武术"师父"。但由于他要去麦加朝圣，武术学习要暂告停止，他希望今后高教练能再次来文向他传授技艺。我表示，只要亲王愿意继续习武，我们会再作安排。

以后，我们又安排了其他教练继续教授亲王武功和为其家人做保健。在四年的时间里，我国五六名长期和短期教练先后来文执教，他们用辛勤的汗水，默默地浇灌着中文友谊之花。他们都是功不可没的使者。

到你身边，在你身边

——援文莱志愿服务队在文工作生活小记

何国炜

（中山大学附属第三医院医生，中国青年志愿者海外服务计划
援文莱项目队长）

从到文莱第一天起，到现在的第 250 多天，我们一直在记录在文莱的志愿服务，乃至生活的点点滴滴。随着在文莱的志愿服务进入尾声，我们即将完成任务，离开这个国度，回归祖国的怀抱。在文莱将近一年的时间，说长不长，说短不短，我相信，不光是我，在文莱的志愿服务经历将是我们全体队员人生中最难忘的经历。

初遇——从零开始

2015 年 4 月，我们齐聚佛山，进行为期两个星期的培训。从志愿精神的培训、项目管理及相关的培训，到管理制度的建立，我们一步一个脚印地把志愿服务队建立起来，形成一个互相尊重、团结互助、有执行力的团队，为即将奔赴文莱做好准备。

出征——壮志豪情

身着正装，接过旗帜，背上志愿者行囊，我们整装待发。出征仪式上领导的讲话依然记在心中，我们的誓言也不曾忘却。我们相信，不忘初心，方得始终。2015 年 8 月 6 日，我

们离开了祖国，奔赴文莱开展为期一年的志愿服务。

初到文莱——广师求益

虽然在培训的时候，培训导师曾向我们介绍了文莱的大概情况，但是有很多东西，特别是文化上的差异，需要身临其境才能够体会。刚刚来到文莱的我们，曾经有些手足无措，但在大使馆和文莱大学师生的帮助下，我们很快适应了这里的环境和风俗习惯，找到自身的定位，开始新的工作和生活。驻文莱大使杨健非常关心我们，还特意到文莱大学与我们以及所在院系的老师进行座谈，了解我们的情况。

教学工作——默默耕耘

在文莱大学，我们分成了三个小组，在不同的学院开展教学。罗毅清在语言中心（Language Centre, LC）协助闵申老师开展汉语教学；林棠和罗婷在商学院（School of Business and Economics, SBE）开展会计教学；而其他的几位——吴淑贞、何海健、陈小华、邹道星、钟小君、马蕴敖和我则在健康科学研究院（Pengiran Anak Puteri Rashidah Sa'adatul Bolkiah Institute of Health Sciences, IHS）开展相关教学研究。

或许教学是枯燥的，但我们却乐在其中。在语言中心，罗毅清兢兢业业地协助闵申老师开展汉语教学，制作中文学习网页，鼓励学生通过多种途径学习中文。她曾利用校园网站组织学生参加中文知识竞赛，并努力促成文大语言中心和我队合办语言文化周，为在校园里营造学习中文的"中国风"贡献良多。

在商学院，罗婷和林棠也参与了大量的教学工作。罗婷在这个学年主要教授《Introduction to Accounting（会计基础）》，林棠主要讲授《Financial Reporting（财务报表）》，这些内容涉及大量的计算，他们俩经常组织辅导课，认真细致地辅导学生，解答学生的疑惑。"师者，所以传道授业解惑也"，我想，这就是很好的诠释。

在健康科学研究院，马蕴敖主要参与护理教学。何海健参与《医学遗传学》、《微生物学》《组织学》《生物化学》等专业课程以及 PBL 的教学。陈小华则是参与《分子生物学》《基础免疫学》和《临床免疫学》的课程。邹道星和钟小君主要参与即将开设的口腔系专业的筹备工作，他们在课程的设计以及比较不同地区的口腔医学教育方面做了大量的工作。吴淑贞则更多地参与临床医学技能的教学和 PBL 教学工作，经常和同学们到 RIPAS 医院指导同学们的临床见习。而我，则主要参与《生物化学》《基础免疫学》《临床免疫学》《组织病理学》等课程以及 PBL 教学工作。

参与科研——勇攀高峰

在健康科学研究院的志愿者们，除了参与教学工作之外，还需要承担科研任务，指导学生开展毕业设计。何海健积极参与科研工作，协助 Mas 教授开展关于乳腺癌的基础研究，与在读博士生 Izzy 共同参与乳腺癌相关癌基因的信号通路研究。马蕴敖成为 Kumar 教授的科研助手，参与 Munikumar R. Venkatasalu 教授关于重症医学和临终关怀的护理临床研究。吴淑贞参与 Faye 教授关于新型代糖的临床研究。陈小华指导学生 Muizz 完成本科毕业设计和毕业论文，以及参与 Adi 教授关于天然药物对于宿主—病原体之间炎症因子的相互作用研究。钟小君和邹道星参与口腔相关标志物的临床应用价值研究。我主要参与 Adi 教授关于口腔微生态的研究、本土植物的提取抗微生物药物应用价值探索、金黄色葡萄球菌的定植及宿主微生态的相互作用研究，还有指导本科生 Khadijah 开展毕业设计和毕业论文撰写，目前正在和 Adi 教授合著论文，不日将发表在国外的核心期刊上。

教师交流——共同进步

我们积极参加学校及各学院举办的研讨会，以及教师和导师技能培训。在会议上，我们能够和不同学院的青年教师交流教学心得，并分享我们在中国教学的经验。文莱大学遵循英国的教育模式，和国内有比较大的差别：这里都是小班教学，主要是使用 PBL 教学法（即问题式学习）和探索性学习，让学生在讨论中获得知识，这对教师知识的广度和深度要求更高；而国内则是大班教学，通过不同专题的授课来传授知识。我们需要一段时间来适应和学习这种教学模式。幸亏，这边的老师都很好，经常鼓励我们，还邀请我们去旁听他们的课程，给了我们很多的指导。同时，他们也给我们安排一些小讲座，鼓励我们多尝试。在他们的鼓励和支持下，我们很快就融入了各学院的教学工作，教学水平和英语水平也得到很大的提高。

健康科学研究院的副院长 Anne Catherine Cunningham 教授是我的导师之一，我经常和她一起参与免疫学和组织学的教学工作。她很和蔼可亲，还非常喜欢爬山，每逢周五上午，她会一早来到我们的宿舍楼下，接我们一起去塔斯可拉玛休闲公园（Tasek lama Recreational Park）爬山，然后一起吃早餐。有时下班后她也会邀请我们一起去文莱大学附近的沙班达

2016 年 9 月 7 日，中国青年志愿者海外服务计划第二批援文莱项目总结座谈会在佛山举行，何国炜（右 5）等 10 位志愿者获得"佛山市五星志愿者"荣誉称号。

山森林公园（Bukit Shahbandar Forest Recreation Park）爬山，释放工作压力。

另外，我们刚来的时候，正赶上文莱新年的尾声，每个学院举办的"开门迎宾"活动（Open House）都邀请我们参加。11月中，第一学期即将结束，健康科学研究院在穆阿拉海滩（Muara Beach）举办了家庭同乐日活动，我们也参与策划，和其他老师及他们的家人在海边度过了美好的一天。

师生交流——亦师亦友

在课堂上，我们是老师；在生活中，大家是好朋友。我们和学生之间的关系很好，经常一起打球和运动，他们有什么活动也会邀请我们参加。2015年底，文莱大学学生会举办了一场"健康跑"，我们全队出动，全力支持。后来，他们通过媒体报道了这次活动，并对我们的支持表示感谢。

在 2016 年文莱的国庆日之际，我们也希望能够观看巡游活动，但交通是个问题。我们的学生知道后，主动邀请我们一同参加。他们不仅把我们送到举行国庆典礼的会场，还全程陪我们一起观看典礼和巡游，让我们这些外国人也能感受他们国庆的气氛。

2016 年 2 月底，健康科学研究院的学生联系我们，说他们要举办一个慈善筹款嘉年华，邀请我们参加。我们准备了一个游戏的摊位和一个义卖的摊位，并带领学院师生一起打太极，共筹得善款近 300 文币（1 文币约合 4.8 元人民币）。

走近他们——体验生活

在文莱，我们也结识了很多马来人朋友。虽然在宗教和文化上有差别，但无碍我们成为好朋友。其中有一位叫 Fatimah 的文莱人，曾是健康科学研究院护理系的老师，现在是文莱大学 OSHE（安全、健康和环境办公室）的项目经理，她和我们年纪相仿，和我们成为很好的朋友。她经常下班后和我们一起去运动、跳 Zumba 舞，周日还常会带上孩子和我们一起到体育馆游泳，并到不同的餐厅品尝美食；有时，她还开车带我们去文莱不同的地方游玩，并带我们到她爷爷奶奶位于淡布隆区（Temburong）的家里做客。她教了我们一些马来语，让我们很快融入了文莱的生活。她还是一个很有爱心的人，当地有什么慈善活动，都会叫上我们一起参加。我们一起参加了为乳腺癌患者筹款的活动、世界糖尿病日的宣传活动、世界健康日的活动等。

这里的人都很热情友善，也很有礼貌。记得在我们爬山的时候，一路上遇到的陌生人都会互打招呼。我们也曾经试过在爬山的时候和不同的人打招呼、交流，一起说说笑笑地爬完全程，这是在国内未曾有过的体验。

走近华人——相互支持

Shirley Lee 是文莱本地的华人，记得我们要去学院报到的时候，她还一早过来接我们，并带我们熟悉学校和学院的环境，认识学院里的老师。她非常关心我们的工作和生活情况。记得有一次，我们在课间闲聊的时候说起曾经有蛇进入宿舍，我们不知道如何防范，结果，第二天她就给我们送来了一些驱蛇药，并协助我们和宿管方面沟通，封堵门缝。她还鼓励我们融入当地的生活，有什么活动和学术讲座，她也会通知我们一起参加。

林明娟医生是我们在文莱最好的朋友之一。记得刚来文莱第二周的某一天，我们和日本的交换生一起去参观 RIPAS 医院的时候偶遇林医生，得知我们是中国志愿者，她非常兴奋。原来，她也认识上一期来文莱的中国志愿者！之后，她担心我们不习惯这边的饮食，有时会特意给我们送来她亲手烹制的美味的中餐，或邀请我们去她家做客。我们每个人都非常感激她的照顾。通过她的介绍，我们还认识了很多当地的华人，他们都非常热情好客，不仅邀请我们到家里做客，还带我们到文莱不同的地方游玩，让我们对这个国家有更多的了解。

热心公益——出钱出力

在文莱的一年里，我们积极参与各种类型的公益活动，也主办了一些公益活动，可谓出钱又出力。2015 年 11 月 8 日，我们参加了文莱的"粉红丝带"活动——为乳腺癌研究机构筹款的大型活动。除了捐款，我们还和乳腺癌患者一起跳了近两个小时的健康舞，鼓励她们勇敢面对疾病，积极面对人生。11 月 11 日，我们响应文莱大学的号召，在校园里推广健康运动，鼓励同学们多参与体育活动，积极支持校园健康长跑活动，和师生们一起绕着学校慢跑。11 月 15 日世界糖尿病日，在 The Mall 糖尿病知识大型健康宣讲活动现场，我们带领观众一起跳健康舞，倡导运动和健康生活。同月 22 日，我们参与了文莱华光慈善总会举行的慈善步行活动，共向华光慈善会捐款 250 文币，用于救助困难群众。

2016 年 2 月，在中国传统节日元宵节前夕，我们的队员首次来到文莱的特殊学校 Pusat Ehsan Centre，和学员们一起学习，一起做汤圆、玩游戏、唱歌跳舞。之后，我们将这个活动变成一个固定的服务项目，每两周一次到该校开展志愿服务，和学员们一起打太极，教他们画脸谱和剪纸。

通过参与各项慈善活动，我们让更多的文莱人了解了中国志愿服务队这个团队，同时也真正走到他们身边，和他们在一起。

传播中国文化——雅俗共赏

2016 年 3 月，我们在文莱大学和语言中心合作举办"语言文化周"。我们申请了两个摊位，分别用于展示中国志愿服务和中国传统文化。开幕式上，我们联合当地的太极爱好者一起表演了太极拳。另外，我们还设置了传统茶艺展示、剪纸技艺教授、京剧脸谱制作、中国画创作和筷子比赛等项目，邀请观众一同参加。同学们积极参与线上中文问答比赛、画京剧脸谱、趣味剪纸和写中文名字等活动，我们的摊位前总是热闹非凡。

3 月底，东盟东部增长区文化展在 Airport Mall 开幕，我们也申请了一个摊位，以"中国——文明之国"为主题。本次展示分为三大板块，分别是"传统艺术——剪纸"、"志愿文化——在文莱志愿服务点滴"和互动区域。我们以极具岭南民俗文化特色的佛山民间剪纸为主线，辅以中国水墨画，向观众展示中国古代的民俗文化和传统艺术；制作了精美的照片墙，展示援文莱志愿服务队这一年来的工作情况；还有丰富多彩的互动区域，让游客体验中国文化的博大精深。开幕式当天，文莱初级资源与旅游部部长阿里在中国驻文莱大使杨健的陪同下到我们的摊位参观，详细了解中国志愿者这一年在文莱开展服务的情况，并体验了中国书法。阿里部长对我们的摊位赞不绝口。

媒体报道——广而告之

我们团队的活动，得到了文莱社会各界以及媒体的广泛关注。我们刚来到文莱大学的时候，校报就刊出了我们团队到学

2016 年 3 月 30 日，"东盟东部增长区之韵——美食与文化"展销会在文莱开幕，中国第二期援文志愿者展示了其在文开展的教学、慈善救助等活动，并展销中国特色手工艺品。图为中国驻文莱大使杨健（中）陪同文莱初级资源与旅游部长拿督阿里参观中国志愿者展位。

校开展志愿服务的消息。其后，当地报纸对我们参加慈善活动的情况和在特殊学校 Pusat Ehsan Centre 的志愿服务，以及参与东盟东部增长区文化展的消息等都作了报道。

2015 年底，我们获邀到文莱的中文电台录制新春特别节目。节目中，除了向听众介绍我们团队的基本情况，我们还介绍了中国过年的传统风俗。据说有很多华人收听了本期节目。后来，电台的主播再次联系我们，希望我们在项目结束回国前再录一期，以期利用这个平台让听众更多地了解中国。

队员活动——凝聚你我

我们的团队是一支团结且富有行动力的团队。工作之余，我们也热衷于旅行，去了解这个神秘的国度。我们曾经乘坐小船，在船长的带领下经过水村，进入文莱的红树林，去看鳄鱼和当地特有的动物长鼻猴。船长还特意走到岸边，给我们抓了一条约半米长的小鳄鱼，让我们触摸。这让不少队员感到非常有趣。我们还曾经到访"边远"小镇马来奕，也曾游览淡布隆的国家公园——那里是世界上保存最完整的热带雨林之一。

在中秋和春节，我们全队的志愿者聚在一起欢庆佳节，虽然无法和家人团聚，但这个团队也是我们的家。每逢队员过生日，我们也都会一起庆祝。我相信，对于我们每个人来说，在异国他乡过生日，都会是一次难忘的体验。

青春与激情、光荣与梦想，这是对我们团队最好的诠释。在将近一年的志愿服务中，我们真真正正地成为中国对外友好的使者、中文两国人民友好交往的桥梁。

2016，我在文莱教汉语

张　静

（援文莱青年志愿者）

2016年1月25号，一个非常难忘的日子，我第一次离开祖国，第一次没有恋恋不舍。一张机票、一个旅行箱，我从遥远的中国中部飞到了文莱，我人生的很多第一次都将从这里开始书写。

作为汉语国际教育专业的学生，出国教汉语好像是我们的最终归宿，听起来也比较理所当然。从2004年至今，中国孔子学院总部（国家汉办）已经在134个国家和地区建立了500多所孔子学院和1000多个孔子课堂，学员总数达190万人之多。汉语教学正在蓬勃发展，汉语也在世界各地受到了越来越多的欢迎。每年，孔子学院总部都会在全国各地开展大型的志愿者选拔活动。十余年来，一批又一批的优秀汉语志愿者教师奔赴世界各地，为汉语教学添砖加瓦。能够从众多的优秀教师中被选派到文莱，本身就是一种幸运和缘分。

文莱初探——一个美丽祥和的东南亚国家

我对文莱的认识大概也只有三年前志愿者招募简章上的一瞥，很多人可能都是第一次听说这个国家的名字。那么，现在让文莱纳入到我们的认识版图中来。1月25日下午6点钟，飞机徐徐降落。此刻的我正带着赶机的疲惫，在飞机上昏昏沉沉、半睡半醒。大片的椰林和耀眼的清真寺金顶把我从这种状态中唤醒。我第一次看到成朵成朵的白云离我是那么的近，好像伸手就可以触碰到一样。别具东南亚风情的建筑和湛蓝多彩的天空融为一体，眼前的景色美得似乎有些不真实。

出了机场，我们便见到了亲切友好的方校长。我印象中的校长应该是不苟言笑、非常严厉的人，而她则是一位身材小巧、面带慈祥笑容的女性，和我的想象完全相反。从首都到我们任教的马来奕中华中学大概有一个半小时的车程，校长亲自驾车载我们回去，一路上为我们介绍途经的各个县市，让我们第一次感受到异国他乡的温暖。

回到马来奕，已经是晚上9点钟了，校长请我们吃了饭，把我们暂时安顿在了教师公寓。我们一天的奔波劳累随着这安静的城市慢慢沉静下来，一点点释放。透过窗帘，可以看到外面星星点点柔和的灯光，眼前的这座城市带着未知的神秘和让人安心的祥和，正向我们缓缓走来。

职场菜鸟遇见热情善良的同事

初来乍到，我一顿手忙脚乱，看到摆在桌子上的课表，更是陷入了无限的迷茫之中。中文组的工作比较繁忙，同事们都各自忙碌着。组长好像看出了我的茫然，赶快放下手上的作业，帮我详细地解释了课表的内容，并带我去看我上课的每一间教室。旁边来自台湾的老师更是友善地陪我完成了和一年级学生的第一次见面。

文莱的公共交通不发达，基本上家家都有好几辆车，所以出行对我们来说很不方便。老师们很细心地察觉到我们的不便，主动邀请并载我们去大点的超市购买生活用品，还热情地为我们介绍哪些东西好吃、哪些东西好用。结束一天的繁忙工作，其实老师们个个还都是厨艺高手，她们经常给我们送一些自己做的点心和当地的特色美食。当然，我们也会笨手笨脚地包饺子，让他们体验一下不同的美食文化。

回首过去的三个多月，可以说，如果没有善良热情的文莱同事，我不可能很快适应这里的工作和生活。

语言拉近人与人之间的距离

办公室是一个大熔炉，这里汇聚着不同国家的老师，在这里，你可以听到各种语言的交流。刚来的时候，面对这样的语言环境，我显得手足无措。但是，微笑是世界上最美的语言。即使我们说着对方互相听不懂的语言，一个微笑就足以包含所有美好的表达。谈到这里，我要分享一个马来老师的故事，是她让我第一次真切地感受到语言是人类最伟大的创造。

和我搭班的马来老师是一个温柔善良的人，她甜美的笑容给我留下了深刻的印象。我们经常在换班的时候碰面，但是大部分时间也只能简单地打一声招呼。即便只是简单地打招呼，久而久之，我们也变得熟络起来。有一次，我们在食堂遇到。食堂卖饭的阿姨来自印尼，只会讲马来语，刚好我在国内培训的时候学习了一些马来语，就开始用简单的马来语努力地和阿姨交流。听到一个中国人口中讲出马来语，马来老师瞪大眼睛，竖起大拇指对我说："老师，你很厉害。"我想，这一刻，我们同时感受到了语言带给我们的冲击力。马来老师口中的中文和我口中的马来文虽然不太地道，但是我们正在为走近彼此作出努力。自此，我们见面都会主动用对方的语言交流。

转眼几个月过去了，一次偶然的机会，我又发现了马来老师一个美好的小秘密。一次我提前进班级整理作业，发现她正在一个华人学生的指导下很认真地写着横、竖、撇、捺。不得不说，她不仅是一位很敬业的老师，还是一个非常好学的"学生"。从马来老师身上，我看到了马来人所有的善良与美好。

我的学生——恶魔与天使的混合体

我的学生从一到八年级都有，记住每一个学生的名字是我走近学生的第一步。在短时间内记住他们长长的名字，是一项大工程，也是我顺利开展教学的途径。除了努力去上好每一堂中文课，课下我还会翻出点名册一遍一遍地温习，并在脑海里努力匹配每个人的信息。

记住名字只是一个开始，能够牢牢地掌控住这群"小恶魔"，也需要耗费更多的精力。一周下来，我发现汉语教学并不像想象中的那么容易，精心准备的课程收到的效果也常常令人不满意。小恶魔们时不时还会在课堂上给你制造一些"惊喜"。他们好像有讲不完的悄悄话，有画不完的画，任你在讲台前激情澎湃，他们的思想总是飘忽窗外。为了吸引他们的注意力，我开始致力于研究各种课堂小游戏。

经过反复的实践，我总会找到几个他们特别钟情并且乐此不疲的小游戏。除去孩子的顽皮，其实他们都是披着恶魔外衣的小小天使。他们会为赢得一场小比赛欢呼雀跃。他们会为老师一句小小的赞扬，甚至和老师的一次商场偶遇开心幸福很久。他们还总是能远远地在人群中一眼认出你，热情地向你挥舞小手。他们的大脑里有一堆可爱的问题。他们对冬天的大雪充满无穷的好奇，他们有无限的精力探索熊猫的秘密。他们把参观中国名胜古迹的愿望默默地埋入心底，总是问我什么时间可以相约同往。他们是恶魔与天使的混合体。他们会在课堂上调皮，也会用马来礼仪亲吻你的手说"老师，我爱你"。每当我感到失望难过的时候，他们一个微笑、一句简单的问候，就足以让所有的消极情绪土崩瓦解，让我瞬间充满动力。

我想这大概是所有老师都有的一种体验。学生的话语，是医治老师的一剂良药；老师的话语，是学生动力的源泉。所以，我们从不吝啬自己赞美的语言。

丰富多彩的校园文化生活

不一样的春节

2016年的春节，第一次离开家人，没有春晚、没有团圆，我体验了不一样的中国新年。新春团拜那天，我看了人生中最精彩的一场表演。平时穿着整齐校服出现在你面前的小身影，现在都变成了舞台上闪动的小精灵。锣鼓喧天，"几头可爱的小狮子"蹦着跳着跑进礼堂，为大家剥柑送祝福。音乐声起，身着武术服装的学生们舞刀舞剑，为大家呈现各种精彩表演。一支中国传统舞蹈《春天》把节日的气氛推向高潮。现场的热闹气氛本应让人感到喜悦，但我却在人群中一次次湿了眼眶。我被学生精彩的表演所感动，我为中国文化在华人中的延续和传承感到骄傲和自豪。

文化营——中华文化寻根之旅

3月18日是我在文莱的第一个假期，也是假期文化营开幕的第一天。这一天，我们迎来了中国暨南大学的14位老师，他们为我们展示了舞蹈、腰鼓、竖笛、歌唱等才艺，还带来了许多书画、草编、泥塑作品。上午的开幕式结束之后，文化营的体验活动就紧锣密鼓地展开了。

　　我带领的七年级学生学习的第一个项目是一支藏族舞蹈。教学经验丰富、风格幽默的舞蹈老师把复杂的舞蹈动作巧妙地分解开来，让学生们更好吸收理解。两个小时的舞蹈练习，学生们努力地跟着老师的节奏尽量把每一个动作做完美，没有人喊累，没有人休息。班里的男生们好像对龙狮更感兴趣，放学后还站在龙狮教室外久久不愿离开。第二天，终于轮到我们上龙狮课，男孩们也显得异常活跃。龙狮老师详细地讲解了北方狮和南方狮的区别，以及潮汕狮和佛山狮的不同，这才让我们明白，原来看上去并无差别的狮子包含了那么多学问。教完基本动作之后，同学们终于如愿以偿套上狮头体验了一把舞狮的乐趣。好静的女生们则更喜欢泥塑课。走进泥塑教室，唐僧师徒、三国英雄、可爱的哪吒都栩栩如生地展现在我们面前。学生们不由得发出一声声的感叹。由于时间有限，大家一致选取了代表文化大乐园的熊猫作为我们要学习的作品。泥塑老师详细地为我们展示每一个步骤的做法。只见白的、黑的、红的、黄的面团在老师手里变幻出各种形状。不一会儿，一只可爱的文化小使者——熊猫便像变戏法一样出现在老师的手中。视角转回我的学生们，他们此时正在交流自己的作品，学生们的熊猫表情丰富、形态各异。这是他们第一次感受到中国泥塑的魅力。

　　3月25日，文化营的活动接近尾声。学生们要进入最后的集训阶段，我带领的班级要进行藏族舞的汇报演出。几天下来，学生们已经渐现疲态。但是接到汇报演出的任务之后，学生们显然还比较兴奋。两天的集训，舞蹈老师根据学生的情况精心地编排动作，学生们也非常认真地一遍一遍练习。中午，学生们还特意约好了留下来练习，他们有人负责放音乐，有人负责喊节拍，对着舞蹈室的镜子不断地互相纠正动作。十天的文化营生活飞逝，转眼到了汇报演出的日子。3月27日这天，所有的负责老师起了个大早。整理完闭幕式的资料，我便赶往教室清点学生的舞蹈服装。打开舞蹈室的那一瞬间，我被学生们的认真惊住了，17名学生全部佩戴整齐，正在练习。藏族舞是闭幕式的最后一个节目，我告诉学生可以先稍作休息，但是他们一直坚持练到最后，没有休息。

闭幕式节目精彩纷呈。开场一支《鼓耀中华》腰鼓表演和《龙腾狮跃》舞龙表演带动了全场的气氛。接着，一曲甜美的笛声合奏《茉莉花》在礼堂回响。整齐的功夫扇和武术拳，还有让人赏心悦目的中国古典舞《爱莲》，引得现场掌声不断。两个小时的闭幕演出，学生们演绎了一个又一个经典。最后，一曲集体大合唱《相亲相爱》结束了这次文化寻根之旅。

文化寻根之旅结束了，但我们的故事还在继续。虽然我的第一个假期没有休息，但是能够和学生们一起参加这么一次意义非凡的文化行，我还是觉得很庆幸。

来文莱的第101天，希望飞逝的时光不留遗憾

提起笔写这段文字的时候，已经是我来文莱的第101天。我在文莱的任期转眼即将过半，回首过去的时间，我在这里努力着、感动着。从刚来的手足无措到现在的得心应手，我要感恩所有给予我帮助的人、所有给予我陪伴的人。前方的道路已经铺展开来，没有华丽的文字，没有宏伟的展望。我只想一步一个脚印，像所有的汉语教师一样备好每一堂课，上好每一堂课，找到更多的方法让学生可以学得轻松快乐。

这里的故事还在继续，而我们也从未停下前进的脚步。愿青春不留白，愿不辜负这飞逝的时光。

我在文莱的故事

朱琳珊

（文莱中华中学音乐老师）

2015 年，我在文莱中华中学教华文。

4月，中华大乐园表演

　　初到文莱，我就被这边的工作氛围所吸引。文莱华校对中华传统文化的传承和发扬做得很好，舞龙舞狮、中国民间剪纸、灯笼、毛笔字等都在文莱中华中学的艺术活动中有所展现。在4月的中华大乐园活动中，我有被文中教师的敬业精神感染到，有被文中孩子的伶俐又守纪吸引到，有被中国侨办使团的才艺震惊到。一周的训练，每天从7点半到中午1点半，大伙各司其职，紧密配合，完成彩排。表演当天，各国使节都要来观看展览和演出，每个细节都不能出错，要求6点半就到位。我这颗快乐的小螺丝钉将再次见证文中速度和素养！

　　真的很佩服这些老师和学生们。在中华大乐园学习的学生们全部是零基础，一个星期的时间内，在所有导师的指导下，了解学习中国文化：声乐、民乐、武术、民间舞蹈、书法、国画、剪纸、手工等等。这次中华文化大乐园活动，将中国的民族文化传扬四海，光耀文莱！

朱琳珊与文莱小朋友合影。

5月，文莱儿童节表演

　　除担任二、三年级三个班的中文教学工作外，我还参与幼儿园的歌唱教学。在 5 月的儿童节表演中，我打造了一支幼儿园合唱队。表演中，孩子们用中文、英文、马来文分别演唱三首歌曲，得到了大家的一致好评。

5 月，三语月活动表演

三语月活动是文莱中华中学每年都会举行的表演活动。作为华校的一项大型表演活动，用三种语言展示歌舞、语言类节目，丰富了学生的校内生活，促进了各国各民族之间的文化交流。

华文教学的心得和收获

在文莱中华中学，学校安排我教华文，我用学习与成长的心态从事这项工作，在适应和融入新环境的工作生活后，慢慢地得到学生的喜爱和家长的认可。有一天，二年级紫班有两个学生没有来上学。第二天，她们主动跑到我办公室来找我补听

朱琳珊与文莱中华中学校长许月兰（右 2）等合影。

写。三年级紫班有个马来学生华文成绩不是很好，但他在听写本上用简单的拼音写道：zhu lao shi wo ai ni（朱老师，我爱你）！我想，这和老师平时上课的言传身教以及鼓励她们学好华文，并且用小礼品奖励学生们在考试中取得好成绩，等等，是分不开的吧！

在文中，我切身体会到学校对华文教学的重视。让文莱的华人学好华文，让更多的友族孩子和家长们了解华文、了解中华文化，这是华校的宗旨和职责。我为此感到光荣！

2016 年，这一年我在文中教音乐。

2 月 18 日，文莱武术协会新春团拜会上，我为大家演唱了中国四川的地方曲艺——四川清音《赶花会》，引来文莱武术界朋友的阵阵掌声。这首具有浓郁四川地方特色的歌曲，充分融入了四川地方的特色文化、人文风俗、小吃美景，用方言来演唱，更具有特色唱腔，其中的哈哈腔更是清脆动听。我希望通过这种传播和推广，让更多的华人华侨甚至外国友人了解四川清音，知道四川清音，让我们中国的民族文化有更好的传承。

在小学的课外活动中，我不仅给小朋友们带来四川清音《赶花会》，让他们欣赏中国地方的特色曲艺，了解中国多元的音乐文化，还教他们打檀板、敲竹筒、唱清音。再加上变脸、吐火这两种四川绝活的欣赏，文莱小朋友觉得太神奇了，这些充分满足了他们的好奇心。

接下来，还有很充实的工作和生活。每天和小朋友一起唱歌跳舞，我觉得自己很年轻和开心。很期待合唱团的表演和舞蹈比赛的展现。加油，每一天！

印象篇

温馨难忘的回忆

——辛卯年在文莱过春节

张金凤

（中国前驻文莱大使闵永年夫人，前驻柬埔寨大使）

2011年2月，金虎辞旧岁，玉兔迎新春。我随丈夫闵永年大使来文莱工作后，第一次在伊斯兰国家过中华民族的传统新年——春节，留下了温馨难忘的记忆。在文莱过春节，可不像在国内只有七天"黄金周"，可以延续小一个月呢。而且活动那么丰富多彩，一切都是那么美好和谐，给我这个初到伊斯兰国家工作的人带来不少惊喜和快乐！

华人过春节，全国同庆贺

中国传统新年给以马来民族为主体的文莱达鲁萨兰国带来了浓郁的节日气氛。各大购物中心和商场为顾客准备了充足的年货，从节日吉祥物、传统生肖到瓜子花生、糖果柿饼，应有尽有。大型商场内，各色彩灯交相辉映，红灯笼高高悬挂，迎新年、贺新春的中文歌曲喜气洋洋，把春节的气息带到每一个角落。随处可见"恭喜发财""大吉大利"等标语，到处都是采购年货的人，不仅华人华侨，当地马来族也扶老携幼到商场和超市选购中国年货。

除夕之夜，首都斯里巴加湾市的商店、学校、民居等建筑都披上了节日的盛装，到处张灯结彩，鞭炮齐鸣，打破了昔日的宁静，绚丽的礼花照亮了清澈的天空。使馆的同事们聚会在大使官邸，包饺子、看春晚、猜灯谜，思家的愁绪随着歌声飘走了。当新年午夜的钟声响起时，大家一窝蜂地涌到院子里，点燃礼花和鞭炮。鞭炮声此起彼伏，响成了一片，让使馆的大人孩子们足足过了一把瘾！我当时还很担心这样大的动静会不会影响到邻居休息。在使馆工作的马来朋友告诉我，不用担心，我们的邻居正在快乐地接受中国大使馆的新年祝福呢！

大年初一，文莱全国放假一天，最开心的就是学校的孩子们了，不仅不用上学，还可以从长辈那儿收到数量不菲的压岁钱。不少华人官员和社会贤达则一大清早就"开门迎宾"，恭候前来拜年的宾客。红红的灯笼在晨风中摇曳，五彩的年画映着朝霞格外喜庆。人们不分民族，男女老少，成群结队，或着中国风格唐装，或穿马来传统服装，相互拜年，"新年快乐""恭喜发财"的恭贺声不绝于耳。当地华人社团、华校组织的龙狮团，每到一地，敲锣打鼓，龙舞狮腾，拜年祝福，给家家户户送去欢乐和吉祥。

新春大团拜，王室齐出动

2月8日，时值正月初六，文莱当地欢度中国春节的活动掀起了高潮。当地华人社团在国际会议中心联合举办"辛卯新春千人大团拜"活动。文莱苏丹哈桑纳尔偕王后和王储比拉应邀出席。王室主要成员，包括苏丹二弟、外交与贸易部长穆罕默德亲王和夫人，苏丹三弟、国家奥委会主席苏弗里亲王和夫人，苏丹四弟杰弗里亲王及众多立法会、政府、军队高官和外国使节也应邀出席，同当地华人、华侨共同欢度中华民族的传统新年。听使馆同事介绍说，文莱华人社团新春大团拜开始于2006年，是文莱华人社团一年里规模最大、最重要的活动，旨在展示华人社会对苏丹和王室成员的效忠，并联络官民感情，加强华人社团之间的联系。今年是苏丹和王室成员连续第六次参加华人社团春节大团拜。

　　国际会议中心以中国传统文化元素装饰一新。会场四周和入口通道高挂红色灯笼，会场正中背景板两侧是大大的"春"字和"福"字，营造出一派吉祥喜庆的节日气氛。国际会议中心内人头攒动、摩肩接踵。苏丹陛下和王后身着马来传统服装，满面笑容，轻松愉快，不停地同参加团拜的嘉宾相互交谈，时而品尝中国美食，时而驻足观赏当地华校学生表演的中国武术和传统舞蹈划龙舟、红灯笼、彩绸舞等，还饶有兴趣地参观了挥春（写春联）、剪纸、包春卷、包粽子等华人民俗表演，并同演出人员逐一握手表示感谢。现场掌声不断，洋溢着民族和谐、举国同庆的欢乐气氛。

　　我和中国驻文莱使馆的同事随闵永年大使应邀出席了"辛卯新春千人大团拜"活动。苏丹陛下和王后看见闵永年大使，

文莱苏丹哈桑纳尔参加"辛卯新年华人大团拜"活动。

团拜活动中，文莱苏丹哈桑纳尔和闵永年大使亲切交谈。左1为大使夫人张金凤。

快步走过来亲切握手。苏丹热情赞扬中国发展迅速，令人钦羡，祝愿两国睦邻友好合作关系在文中建交20周年之际迈上新台阶！大使秘书朱琳眼疾手快，为我们拍下了一张难得的合影。

　　闵永年大使在现场还接受了当地媒体的采访，也赞扬文莱社会安定、民族和谐，祝愿中文两国和各国人民共同建设更加美好的和谐世界。

开门迎贵客，登门送祝福

　　在文莱过春节，最有特色的要数"开门迎宾"了。华人家庭打开门户，欢迎左邻右舍、亲朋好友登门贺年，互致问候。主人要提供流水席般的美食供应，当然，少不了象征"大吉大利"的柑橘，客人都要尝尝，或者带一两个回家，讨个吉利。不同种族的人都在不停地赶场，无论相识还是不相识，春节时

闵永年大使和比拉王储及王储妃在华人团拜会上合影。

都可以到华人家里做客，热闹一番，而且一天要跑上好几家。主人一般都要给小孩子压岁钱，但是给马来族小孩的压岁钱包装是绿色的，所以不叫"红包"，而叫"绿包"。其实，这种"开门迎宾"的习俗，原本是马来人庆祝开斋节的传统。后来，文莱当地华人借鉴了这套习俗，在中国农历新年时回馈马来族朋友，让春节走进了穆斯林的生活。

玛斯娜公主夫妇来到中国大使官邸参加"开门迎宾"活动。

从大年初一开始到元宵节结束，闵永年大使按惯例在官邸举办"开门迎宾"活动。我和使馆的女同志们到商店精心挑选了桃枝、腊梅、对联和彩带，把不大的官邸装扮得既喜庆又温馨，满怀喜悦地迎候嘉宾。中国的亲密朋友、文莱外交与贸易部无任所大使玛斯娜公主和丈夫阿齐兹亲王带着一大群官员和侍从来官邸拜年，闵大使和我热情接待，大家回忆起在中国访问时的趣事，乐不可支，欢声笑语不绝于耳。

闵大使在完成日常工作的同时，还要安排时间，带领使馆主要外交官前往当地多家华人领袖、社会贤达府邸登门拜年，带去中国人民对海外华人同胞的亲切问候和新年祝福，感谢文莱社会各界对中国和中国驻文莱大使馆的支持，共同祝福中文两国和平稳定、繁荣昌盛，人民安居乐业、幸福安康！

在当地华人领袖佩欣吴景进家中，我们和众多宾客一起观赏了春意盎然、竞相怒放的兰花，浓郁的中华文化气息使我们流连忘返。如果在北京，我们也难得过上这么有味道的新年呢。在吴先生家中逗留时，我们还邂逅了他的侄子、文莱影视明星吴尊，他在上海开了健身馆，最近赶回家来和亲友一起过年。几位同行的年轻姑娘欣喜异常，抓紧时间和偶像合影。

闵永年大使还前往文莱华和百货的创始人刘老先生官邸拜年。老先生虽80高龄，仍思维清晰，声音洪亮，对文莱华人的历史变迁娓娓道来，并特别强调，办华校、教华文、说华语，是传承中华传统文化的重要途径。刘老还意味深长地说，

英国驻文莱大使一家身着唐装来中国使馆拜年。

文莱苏丹重视华人社会及其对国家发展的作用，华人社会要珍视"皇上的恩典"。

礼佛祈福，腾云殿内香火旺

腾云殿是文莱华人唯一进香礼佛的庙宇。每逢初一、十五或者佛教节日，当地华人华侨都要到这里进香礼佛，祈求佛祖保佑平安。农历新年初一、初二，当地华人社团竞相到腾云殿前舞龙舞狮，一派喜气洋洋的节日气氛，吸引众多当地民众和外国游客驻足观看、拍照留念。我也曾有幸应邀参加过此类活动。

腾云殿规模不大，位于文莱首都最繁华的地段，距今已有80多年的历史。整座寺庙以红色为主调，从对称格局和祥云图案等元素看，处处体现着佛教特色。根据早期善男信女建寺募捐征信录遗存的一块破碎木刻记载，该庙宇始建于 1918 年 6 月 23 日，次年农历五月初五落成。第二次世界大战期间，庙宇四周被战火夷为平地，但庙宇房屋没有受到破坏，顽强屹立在残垣碎砾中间。直到 20 世纪 60 年代中叶，腾云殿在原址上得以重建，规模更大，气势更宏伟。

文莱是东南亚地区唯一的政教合一的伊斯兰国家，伊斯兰化程度很高，尤其在社会生活方面，伊斯兰教规几乎成了生活的准则。我曾在媒体上看到这样一则消息：2015 年 12 月，文莱苏丹发布诏令称，因为可能会"影响穆斯林的信仰"，禁止文莱穆斯林公开举办圣诞节活动，否则将面临最高 5 年的监禁。比较而言，苏丹和王室对华人社会都表示了充分的友好和包容，这固然离不开中文两国友好交往历史的影响，但更是体现了文莱苏丹对华人民族融合和包容共生理念的认可。"国之亲在于民相近"，祈愿中文两国和两国人民永远和睦友好，做大小国家互相尊重、平等相处的典范！

开门迎宾，欢度新春

潘正秀

（中国前驻文莱使馆参赞）

　　旅居文莱的华人在欢度中国春节时，有个"开门迎宾"（Open-House）的传统。我们在文莱建馆后，也入乡随俗，自 1995 年起，春节期间有一天大使官邸大开门户，迎接八方宾客上门拜年，共度新春佳节。参照当地华人的做法，使馆几位有美术特长的同志刻意把官邸装饰打扮一番：正门前与大厅内挂上大红灯笼，装上彩灯，贴上对联与各种彩饰，喜气洋洋。对联和彩饰当地市场都有卖的，可以随便挑选。

　　我在外交生涯中走过四个驻外使馆，在国外共度过了十五六个年头。不管走到哪个使馆，每逢新春佳节，根据使馆的安排及我们的兴趣都要布置一番，以增添节日的气氛。在驻外使馆过年，不同程度都有点活动，一般有内部聚餐，大家一起包饺子、开联欢会，俱乐部会组织一两次外出旅游，在首都市内或到外地。不过，我们那个年代都是当日回使馆，不在外地住宿。

　　华人较多的东南亚国家对中国传统的春节比较重视，一些大老板有时出面操办上千人参加的大聚餐，主要是宴请华人，也有各界朋友。同时，请专业艺术团演出助兴或请华人中的精英献技献艺，使馆外交官一般应邀参加。使馆内部是由俱乐部的牵头人出面组织活动，一般是自娱自乐性质的，有文娱天资的自愿上台唱歌跳舞，有幽默细胞的还会自己编个段子，大模大样地上台表演，逗得大家捧腹大笑。但国内有老人和孩子的也多有牵挂，那个年代一般外交官不能带家属，连探亲都没条件。我是独生女，没有兄弟姐妹，在国外期间，父母帮我照顾还未成年的两个子女。每逢佳节，我很不平静，因为想念父母，想念孩子。现在，中国派出的外交官条件比我们那个年代好多了，有带子女的，条件好的国家子女可以在那里上学。我们只是到最后一任期间，子女出差和旅游到使馆去了一次。

文莱华人重视保留中华传统，特别是春节期间，相互走动很多。这个社团宴请，那个家族聚会，一般都要邀请使馆外交官，特别是我们夫妇活动很多。首先是华人社会领军人物之一洪瑞泉先生，在文莱华社是既慷慨出钱，又踊跃出力。建馆初期，使馆就设在他的旅馆里，平时一日三餐都在他的旅馆，但除夕之夜，他专门把我们全馆人员请到他的私宅，与他的家人共享年夜饭。他说，为什么要让我们到他家去，是为了让我们有"家的感觉"。这样的年夜饭，是我在国外过春节唯一的一次。

每年春节，文莱华人最大的组织"中华商会"总要操办一场几十桌的聚会，还有文娱节目表演。演员多半是华校学生，华人中的业余歌星、港台歌星在文莱赶场走动的也不少。文莱当地华人的头面人物刘小源与洪瑞泉是好朋友，彼此性格相近，实力相当。每年春节，他都要把我们夫妇连带使馆人员一并请到盛产石油的诗里亚，一般在他们自家的餐馆举行聚会。他的父母、家人和至亲好友都会出席。他们全家是虔诚的佛教徒，老人善良，小源先生更是孝子，对二老照顾得很好。我们每年去看两位老人，他们都满面红光，不胖不瘦，而且多年变化不大。

文莱使馆建馆时的办公楼是租爱国华人许和顺先生的，这座房舍的布局对我们新建一个小型使馆非常合适。房东的父母是很和善的老华侨，使馆进驻后，老人交代儿子："盼星星盼月亮，把中国大使馆盼来了。租了我们的房子是我们的荣誉，房租多少不要计较。"可是天有不测之风云，几年后，使馆办公楼后山坡发生塌方，殃及办公楼。使馆不得不搬迁。当我们把这个消息通知房东时，房东夫人难过得掉下了眼泪，她抓着我的手说："大使夫人，我们这个房子租给使馆绝不是为了赚钱。"完了她又换了口气，叫我"潘大姐"，我听后很高兴，立马回应："你以后，就这样叫我。"她接着说："使馆在我家时，你知道我脸上多荣光啊！"我根据当地的习惯叫她"许太"，说："我知道你们许家一家是忠厚老实人。使馆租了你们家的房子后，你们给使馆提供了大量的帮助和方便，我们感激不尽。使馆在不在这里，你们脸上同样都是荣光的。"

许和顺的哥哥许和杰在侨社也是颇有作为与贡献的人物。我印象最深的是中文建交 15 周年时，文莱—中国友好协会邀请我们夫妇访问文莱，玛斯娜公主殿下招待我们住在六星级的帝国饭店。一个晚上，他专门到帝国饭店请我们夫妇吃饭，饭后还与我们在饭店海边的大花园转了一个大圈，知心话不知说了多少。而这些，我们在那里任期四年多都没有机会说的。我现在想，在文莱一任四年多不算短了，但是有的工作还是不深入。有的人想与我们聊聊天，说句心里话，都没时间。我想，许和杰先生专门到帝国饭店来宴请我们，其中穿插这次聊天也是他精心安排的。在文莱华人中，有说许和杰是诸葛亮式的人物，看来不假。

文莱王室人员过去很少到华人家里拜年，一般也不出席驻文莱使节的官邸活动。我先生出使文莱第一年的春节，我们没敢邀请王室人员。但 1996 年中国春节正好与文莱开斋节和国庆节邻近，文莱人说，这年是"三喜临门"，节日气氛特别浓厚。于是，使馆决定当年我们的"开门迎宾"规模搞得大一点，邀请的人比上一年级别提高、人数增多。考虑到 1995 年世妇会期间文莱外交部长夫人札瑞娅殿下曾破例接受邀请，出席了我的茶会，大使想试着邀请一下别的王室人员。我与文莱苏丹御妹、外交部无任所大使玛斯娜公主殿下的家庭礼宾官达丁·西蒙是朋友，事先，我向西蒙女士试探，如果我们有什么活动邀请玛斯娜公主殿下，她是否会出席。西蒙女士说："玛斯娜公主是位很随和的人，如果她没有别的事，我想她会出席的。"我把这一情况向大使汇报后，使馆决定邀请玛斯娜公主。但是，玛斯娜公主来不来，谁也没把握。因为王室人员是否参加某项活动，答复一般比较晚，而且不便于催问。我们只好等着。

当日下午，我们在餐厅摆了当地华人和马来人均喜爱的豆沙包、芋头角、春卷、炸鸡腿、酱牛肉、龙虾片等十来样食品，会客厅内还备有点心等小吃，可谓丰盛。当地马来人有带小孩外出拜年的习惯，到了谁家一般都要给小孩"红包"。但我们是使馆，不可能给"红包"，我们就给来拜年的小孩每人一小包蜜枣和一个橘子，祝福他们未来的生活甜甜蜜蜜、吉祥如意，这样大人小孩皆大欢喜。上门拜年的宾客纷纷夸赞我们夫妇寓意新颖，创意独特。

出席我们"开门迎宾"活动的客人络绎不绝，整个客厅与门厅挤满了人，大家谈笑风生，气氛非常融洽，我们夫妇迎客、送客忙个不停。突然，门口传来信息，玛斯娜公主来了！我与大使急忙赶到门口，只见公主殿下与夫婿携两子女真的来了。我们赶忙把公主殿下一行四人引到会客室里面，我请公主殿下在一个放在重要位置的沙发上就座。因为听说王室人员一般不与非王室人员并排就座，我与大使分别坐在两旁的沙发上。但公主连声说："Come（来）！Come（来）！"让我与她同坐一个沙发上，然后公主夫婿坐到我的位置上。因为公主殿下是文莱外交与贸易部部长级无任所大使，不是一般的夫人，我本想她一定是与大使交谈，我只是坐旁边陪衬一下，但她一直面向我坐着，我只好主动与她寒暄。我首先欢迎公主殿下携家人在繁忙的开斋节应酬中拨冗出席我们夫妇的春节"开门迎宾"活动。公主殿下说，这是她开斋节以来出席的第一个非亲属的"开门迎宾"活动。我赶忙说，这是我们夫妇，也是我们全馆人员的莫大荣幸！我感谢公主殿下给我们这份殊遇。大使让招待员把食品端到客厅，招待公主殿下及家人。她的女儿和儿子端起盘子时，眉头一皱，有点犯难，好像怕吃不下，公主殿下赶忙对他们说："如果吃不下，也要吃一两样。"我理解公主殿下是在教育她的孩子，完全拒绝中国大使夫妇的食品是不礼貌的。我看两个孩子吃着吃着似乎感觉不错，就问他们："喜欢吗？"他们点头表示很好，然后兴致勃勃地跟着我到餐厅又自取了一盘。殿下见此高兴地说："没想到他们吃这么多！"我想，这些小公主、小王子偶尔换换口味，可能也觉得新奇吧。公主殿下还就中国春节习俗等与我交谈了约半小时，

潘正秀请玛斯娜公主品尝食品。

玛斯娜公主夫妇偕子女到中国大使官邸出席春节迎宾活动后，与刘新生大使夫妇合影留念。

准备离开时，她对我说："我该走了，要不然，你不能招待别的客人。"我笑着说："今天下午大使给我的主要使命就是接待公主殿下。"她会意地笑了笑。

当时正在官邸出席"开门迎宾"活动的各国大使夫妇、文莱朋友和华人朋友都对文莱王室人员到中国大使官邸拜年表示惊奇，在场的新闻界朋友立即拿出照相机，大抢镜头。次日，文莱发行的华文报纸在头版显要位置刊登了"中国大使官邸开放，陛下胞妹登门贺年"的消息和照片。几对大使夫妇过后以羡慕的口吻对大使和我说，你们又开了个好头（指继邀请王室人员出席中国大使夫妇的茶会后，又一次把王室人员请到家里）。春节期间到我们官邸贺年的还有文莱教育部长、司法部长、外交部副部长以及总理府第一、第二常秘和外交部常秘等

政府高官，总计约 200 人，规格之高超过使馆的国庆招待会。文莱朋友除踊跃出席我馆迎春活动外，在春节期间还有很多人给我们夫妇及使馆寄新年贺卡，送鲜花、礼篮和马来甜点。可见，文莱十分尊重华人习俗，重视中国的传统节日。值得一提的是，近年来，文莱苏丹陛下率王室成员御驾亲临华社，共庆农历新年活动，充分表明了苏丹陛下对华社的重视和关怀。

至于华人，上门拜年的更多，而且很多华人都以能收到中国大使夫妇"开门迎宾"活动的请帖为荣。一位台胞收到了请帖，打电话来问，是否能带他的朋友来给中国大使夫妇拜年。这种情况我们当然是表示欢迎。结果，他带了 30 多位居住在文莱的台胞来了，这些台胞第一次与大陆的外交官接触，看到我们十分热情地接待他们，都很感动，纷纷要求与我们合影留念。照完相后，突然有个女孩喊了我一声"大使夫人阿姨"。

刘新生大使夫妇与前来贺年的文莱外交部官员在大使官邸前合影留念。

我感觉很奇怪，因为以前我的家乡来的团组曾有人这样叫过我，没想到台胞中现在也有人这样称呼我。因此，我就欣然接受。有的台胞说，他们尚未有机会回大陆旅游区省亲观光，到了中国大使官邸，就好像回到了祖国，倍感亲切。

这些在我们夫妇"开门迎宾"活动中认识的台胞，以后都成了朋友，我回国后一直同他们保持着联系，节日期间一般都互相发个贺卡，送去温馨的问候。每年的旅游旺季，他们中总会有人到国内旅游。少数上门叙谈，我们都在家附近找个餐馆，请他们品赏一下国内的美食。叫我"大使夫人阿姨"的那位女孩也来了，见了我，她还是那么叫我。我含笑对她说，现在可以减少两个字，就叫"阿姨"，不用再带"大使"了。大家哈哈大笑，不过仍然坚持："我们还要叫'大使夫人阿姨'。"多数台胞后来没有再见面，但他们中有的人不时会打个电话，问候平安，喜告家庭情况。就这样，我已很满足了，毕竟我们只是一面之交。不过，我们同是炎黄子孙啊！我们血管里流淌的是一样的血，我们同样是黄皮肤、黑头发。这就是我们一见如故的根。

在文莱交的这些朋友，不管是高官也好，富贾也好，平民百姓也好，我都看作诚挚的益友，会永远铭刻在心。有幸认识他们是我的幸运，也是我永恒的财富。

一次不寻常的茶会

潘正秀

（中国前驻文莱使馆参赞）

1995 年 9 月 4 日至 15 日，第四次世界妇女大会在北京召开，引起全世界的广泛关注。8 月下旬开始，文莱电台中文部和华文报纸陆续要求就妇女大会召开问题采访我，在对外活动中也不断有人问起妇女大会的有关情况。正好这时，国内又寄来几盘有关世妇会的录像带，我突然萌发一个念头——举行一场茶会介绍一下这次大会。我的想法得到使馆领导的批准和其他夫人的支持。考虑到这次妇女大会是一场世纪之交召开的历史盛会，我想这次茶会邀请的级别要高一点，规模要搞得大一点。文莱王室人员一般只作为主宾出席东盟国家驻文使节的国庆招待会，从未到其他国家驻文使节官邸出席过活动，但这也只是个惯例，并没有明文规定。迎接世妇会召开，是一件国际性的大事，不同于一般性的夫人茶会。因此，我建议尝试邀请一下王室人员。我们首先向文莱外交部长夫人札瑞娅殿下及苏丹御妹玛斯娜公主殿下两位王室人员发了请帖。文外交部收到请帖后非常重视，几次打电话来了解活动的内容、方式、邀请范围、谁是茶会主宾及有无讲话等，我们都一一作了回答。但这两位王室人员能否出席，或是其中一位出席，还是两位都不能出席，迟迟定不下来，弄得我惴惴不安。因为王室人员来与不来，从安排与准备上有很大的不同。经我们一再催问，得知玛斯娜公主不能来，而茶会当天上午，文外交部礼宾司才来电话告，外交部长夫人也不能来，这下我心里倒是踏实了。

我赶快把讲话稿中有关欢迎王室人员的部分去掉，一切按没有王室人员出席作准备。但上午 11 点 45 分，文外交部礼宾司突然来电话说，外交部长夫人还是要来出席大使夫人的茶会。这下使馆可紧张了，大使立即召开会议作紧急部署：通知电视台与报界、修改我的讲话稿、调整食品、增加专门为殿下服务的招待员、会客室内专辟一块地方供殿下落座、看录像要为殿下备专门的椅子、准备礼品及放礼品的专门托盘、托盘上要放黄色（象征王室的颜色）丝绒托垫，等等。在官邸的几位同志、炊事员夫妇及外籍雇员紧张忙碌了三四个小时，一会儿警察来检查安全设施、道路状况、环境卫生，一会儿礼宾司来检查礼宾安排，我们都严阵以待。忙乱中我还在琢磨：是我建议试请王室人员，这下真来了，会不会因为哪个礼节不周而捅娄子，毕竟我们没有接待王室人员的经验啊！直到 4 点茶会开始前，文外交部礼宾官员对我馆准备工作表示满意，我才松了一口气。4 点 15 分，外交部长夫人札瑞娅殿下准时到达。我早早站在门口严阵以待，本来以为王室人员出席某项活动都是前呼后拥，浩浩荡荡一个车队，可是那天只来了三辆车。车倒是很豪华，特别是第一辆最豪华，我断定是外交部长夫人，赶快一个箭步跑到车右侧准备为她开门。可是，外交部长夫人十分麻利地从左侧（文莱的习惯）自己开门出来了。文莱王室人员很大度，外交部长夫人老远伸出手与我握手，此时我很尴尬。外交部长夫人秘书安慰我："没事，没事！她有自己开车的习惯，一般王室人员是不自己开车的。你不知道，很难怪你。"我心里这才放松了。

出席茶会的还有卫生部长、文青体部代理部长、内政部副部长、总理府常任秘书、外交部常任秘书等高官夫人，文莱政府女官员，驻文各国大使夫人和代办夫人，一些王室人员及文莱主要妇女组织负责人等数十人。

我在茶会上致简短的欢迎词后，札瑞娅殿下致答词，她表示：感谢邀请她作为这次茶会的主宾及我对她热情洋溢的欢迎。她非常高兴在这个对世界、对中国和所有妇女都很重要的时刻能与大家相聚在一起。她知道今后几天里北京的会议将会产生很多改善妇女状况的宝贵意见。她期待并将阅读有关的消息。并说，举办这样重要的会议是一个重大的使命，中国政府和人民作为东道主可以为此感到骄傲，这也是中国对联合国的有益的贡献。最后，她预祝世妇会取得圆满成功。茶会中放映了《北京欢迎你》和《1995世界妇女大会非政府论坛》的录像带，殿下对录像很感兴趣，她感叹地说：4万多人参加会议，这几乎是文莱人口的五分之一了，接待工作量之大可以想象。当录像带展示长城的画面时，她说，上次去北京因身体不适没能上长城，感到十分遗憾，表示下次去北京一定要登上长城。我说，殿下什么时候准备赴北京登长城，我一定即时报告国内并为殿下的访问作好准备。我希望我能陪同殿下，让殿下能顺利登上长城，欣赏长城内外好风光。

潘正秀在茶会上致欢
迎词。

考虑到文莱王室人员一般不吃外面的食品，我们特意请来了文莱皇家餐饮公司承办这次茶会，并备了几样中国风味小吃及中国茉莉花茶供选择。殿下一一品尝了我馆厨师制作的春卷、千层饼、豆沙包等中国小吃及中国茶，并连连称赞中国食品好吃、中国茶清香扑鼻。

出席茶会的其他朋友兴致也很高，气氛热烈、谈笑风生。据了解，文莱外交部长夫人到驻文使节官邸出席茶会并发表讲话尚属首次。在场的文莱高官夫人对札瑞娅殿下出席我的茶会感到十分惊讶，特别是对殿下在茶会上发表讲话，无不啧啧称奇，因为王室人员历来是"金口难开"。一些大使夫人与代办夫人为此纷纷向我表示祝贺。当晚，文莱电视台在马来语与英语新闻节目中播放了"中国大使夫人举行迎接世妇会茶会，札瑞娅殿下应邀出席"的消息和画面。次日，文莱英文《婆罗洲公报》在头版报道了这次茶会。

　　但事情并未就此了结。文莱电视台节目制作人在看了札瑞娅殿下出席茶会的消息后，立即邀请我出席其 9 月 10 日"早间热门话题"节目，就世妇会有关问题作现场直播。我到文莱后，曾几次到文莱电台就家庭、妇女、儿童和中国的节日、风俗习惯等一般性话题接受过采访，但都是事先录好音的。这次事先不能录制，而且我有点担心我的英语难以应付这种场面，不敢接受这个任务。但大使认为既然找上门来了，是个好机会，可以认真准备，接受邀请。有的朋友也说，文莱很少请外国人上他们电视台做节目的。我也想为世妇会做点工作，于是硬着头皮答应了，并按照电视台提出的五个问题连夜准备，使馆一些同志也从旁协助。

　　现场直播的前一天，我到电视台往见将与我合作的节目主持人，讨论相互如何衔接时，节目制作人来通知我，在我回答第二个问题之后，要穿插几个世妇会录像镜头，主要是想节目搞得活一点，同时也让我放松一下。我感到这个想法很好，当即表示同意。9 月 10 日，我应约去文莱电视台出席我有生以来第一次在外国电视台的现场直播（当然中国电视台也没去过），特别是当场要直接用英语回答问题，我心情之紧张程度难以言表。节目开始后，我倒是比较镇静，在回答第二个问题后，我逐步适应并进入状态。30 分钟的采访结束后，我感到从未有过的轻松与解脱，心想这下总算播完了，而且从政治上和技术上都没出现什么问题。节目结束后，我一一感谢女制作人、节目主持人和现场工作人员的合作，他们祝贺我成功地接受了电视台的直播采访。

　　第二天，我和大使应邀一同出席韩国大使夫妇的晚餐，这次晚餐的主宾是文莱总理府主管广播、电视、新闻的常秘。他

潘正秀陪同札瑞娅殿下及其他来宾观看世妇会录像。

进入韩国大使官邸后，直奔中国大使，大声说："哈罗！阁下，我要向你夫人祝贺，她上了我们文莱的电视。"然后转身与我握手，祝贺我发表了一个很好的讲话。晚餐结束相互道别时，这位常秘又对我说："我要再次祝贺你成了我们文莱的明星和艺术家。"（这当然是过奖了）常秘夫人则对我在讲话中说了一段称赞文莱妇女状况良好，妇女与儿童受到政府的精心保护，妇女积极参与国家建设与社会事务等内容特别高兴。第三天，中、日、韩等国大使夫妇聚会，自然又议论起我到电视台制作节目的事。我想，并不是我有什么杰出之处，只不过是外国大使夫人到文莱电视台就热门话题发表讲话是第一次罢了。而且，我敢于接受这项任务，并且也较好地完成了这项任务，主要是因为我的祖国成功地主办了空前规模的历史盛会，我感到无上荣光，而我国妇女状况不断改善，地位日益提高，这些都使我理直气壮。当然，使馆几位同事都给了我极大的支持与鼓励。

穆斯林斋月的友谊花絮

刘新生

（中国前驻文莱大使）

在文莱，居于支配地位、被大多数人信仰的宗教是伊斯兰教，占全国人口多数的马来人都是逊尼派穆斯林。早在 15 世纪，伊斯兰教就传入文莱，为居住在当地的马来人所接受，并在此基础上建立起政教合一的文莱苏丹国。1959 年，文莱正式把伊斯兰教定为国教。

斋月规定来自《古兰经》

伊斯兰教规已成了文莱马来人的生活准则。按照《古兰经》的训诫，文莱穆斯林不饮酒、不吃猪肉、不吃死亡动物的肉和血。文莱的新闻媒介也多从教规要求的角度，鼓励人们不吸烟、不浪费、不偷懒，要遵守社会公德。文莱的穆斯林每天做五次祈祷，即破晓时的晨礼、中午的晌礼、下午的晡礼、日落时的昏礼和入夜后的宵礼。每个星期五，穆斯林必须去清真寺参加聚礼。到麦加朝圣是每个虔诚的文莱伊斯兰教徒的最大心愿，文莱政府为前往麦加朝圣的伊斯兰教徒提供交通住宿等一切便利条件。每年朝圣季节，政府安排专机免费接送朝圣者。

《古兰经》规定，穆斯林每年要在伊斯兰教历九月封斋一个月，斋月期间穆斯林都要禁食，从日出后始到日落止，其间不进食、不喝水、不抽烟。这是坚定和磨炼穆斯林意志的一种方式，以此指导世人，昭示明证，以便遵循正道，分别真伪，也是防止"罪恶"发生、维持社会秩序的一种手段。《古兰经》中说：信道的人们啊！斋戒已成为你们的定制，犹如它曾为前人的定制一样，以便你们敬畏。

文莱是东南亚伊斯兰化程度最严格的国家，每年斋月开始，苏丹政府向贫穷的穆斯林施舍牛羊肉和蜜枣各80吨。如果违反斋月三禁，属违法行为，要处以罚款或坐监。在这期间，当着文莱人的面进食是不礼貌行为。作为穆斯林的邻居，最好也不要大摆宴席。

当今世界，穆斯林不分国界和民族，每逢斋月，依然奉行先知的教诲——在身体忍受饥劳的同时，灵魂得以净化和充实。因为世界各地观测天象（月亮盈亏变化）的差异，各伊斯兰国家的斋月起始日期可能略有差别。在奉行穆斯林世界的诸多斋月规定之外，文莱的穆斯林在斋月期间还有一些活动出于自创，发自内心，形成了特有的斋月习俗。

文莱斋月的特有习俗

为配合斋戒月，皇家武装部队于前一天傍晚在斯里巴加湾市奥玛尔·阿里·赛福鼎广场鸣放12响礼炮，以示斋月的降临。斋月第一天晚上8点至12点间，文莱奴鲁尔·伊曼王宫的祈祷厅向本国穆斯林开放，苏丹陛下为前来祈祷的臣民提供饮食（自助餐），12岁以下的穆斯林还可以得到苏丹陛下赠予的"绿包"（相当于中国人说的红包）。这一活动从斋月第一天晚上起持续12天，每晚约有1万多穆斯林信徒参与。

王室成员和政府高官会前往二十八世苏丹的王陵祭拜，念诵《古兰经》。二十八世苏丹奥玛尔·阿里·赛福鼎生于1914年，1950年继承王位。他在位期间，文莱经济得到较

大发展，人民生活明显改善，因此，他被誉为现代文莱的"总设计师"。1967年，他主动让位于现任苏丹。开斋节前后，苏丹陛下会亲率主要王室成员前往凭吊，以表达对这位现代文莱奠基者的真挚怀念。

文莱地标性建筑——奥玛尔·阿里·赛福鼎清真寺

扶贫济困，团结互助

斋月的一大要义就是体现穆斯林的团结友爱精神。扶贫济困是每个成年穆斯林应尽的义务，斋月期间的捐赠则更有意义。文莱斋月期间，每个年满18岁的穆斯林要为贫困穆斯林捐款，捐款由宗教部专门负责筹集和使用，视捐助者的家境和能力而定，但是也有一个最低的标准——要至少能购买一袋香米（约8美元）。为了体现穆斯林之间的互助，文莱政府部门也会为已故公务员的未成年子女自发组织捐款，让这些孤儿能体会到穆斯林大家庭的关怀和温暖。

许多文莱穆斯林都会去墓地祭拜他们逝去的亲人，清理墓园，敬献鲜花。文莱的军人和警察会自发组织去穆斯林公墓清理、修葺，这也是他们服务社会的一种形式。

每个健康的穆斯林只能在日落之后进食和饮水，也忌暴饮暴食。这是对体力和耐力的一大考验。产于中东沙漠地区的椰枣，因为日照充足而糖分极足，且富含人体所需的蛋白质，是穆斯林钟爱的营养品。文莱苏丹陛下每年斋月期间都向全国的穆斯林免费发放沙特椰枣，既体现了苏丹陛下的亲民，也是对广大穆斯林的一种勉励。

斋戒月期间，成年穆斯林均须斋戒，破戒者要遭人唾弃，重者还会受到宗教法庭的审判。此外，文莱政府部门的办公时间调整为每天上午8时至下午2时，政府日薪雇员的工作时间将缩减1小时。受雇于不同部门的日薪雇员，可以根据工作合约调整每日工作时间。下班后，家庭主妇开始流连于街市商场，为家人采购晚餐食品，这时候会有大量精致美味的马来糕点上市，而且一般会摆放在超市的入口处，醒目诱人；许多公共场所都会临时增设一些快餐食品摊点，一些餐厅还专门推出自助晚餐，为穆斯林提供便利。

磨炼意志和耐力

斋月结束后，将迎来穆斯林的第二大节日——开斋节，也是文莱人最隆重的宗教节日。开斋节前夕，人们会忙碌着清扫居室，将家中布置一新，还要采购礼品，烹制各式食物馈赠和招待亲友。各个商家也抓住商机，在斋月期间不仅推出文莱穆斯林喜爱的各种商品，还用相当的折扣价格来吸引消费者。文莱旅游局则组织全国大的促销活动，要求所有商铺打折销售商品。商场里除了令人眼花缭乱的各种生、熟食品外，还有新款的布料和服装，文莱人喜欢用来装饰家居的艳丽装饰品也"应时而发"，在往来的人流中"争芳吐艳"……这些都预示，经过一个月的坚韧修习，人们将迎来无尽欢庆和愉悦。这也正是先知要求人们"斋戒"的现实用意所在——通过斋戒体验穷人的困苦、磨炼自己的意志和耐力。经历了先苦后甜，所有的穆斯林会更加团结，也会倍加珍惜现在、热爱生活。

最盛大的节日

开斋节是阿拉伯语"尔德·菲图尔"的意译（"尔德"就是节日的意思）。伊斯兰教历九月为"斋月"，斋月的最后一天寻看新月，见月的次日即举行开斋，即为"开斋节"。关于节日的来源，据伊斯兰教经典记载，伊斯兰教初创时，先知穆罕默德在斋月满时进行沐浴，然后身着洁净的服装，率穆斯林步行到郊外旷野举行会礼，并散发"菲图尔钱"（开斋捐）表示赎罪，以后相沿成俗。

开斋节是穆斯林最盛大的节日。经过一个月的禁食、禁饮，当最后一天的新月升上天空，开斋节便开始了。节日的盛装穿戴起来，精美的食品摆上桌，家家户户张灯结彩，然后是"开门迎宾"。每家的门都敞开着，任何人来家里都是贵客，即使是陌生人，也要请吃正餐；小孩子们走到哪里都有"绿包"给；客人临走时主人还要送礼物，不分身份高低。处处是节日的祝贺，"天下大同"莫过于此吧！文莱人的真诚和友善于此也可见一斑。

更讲究一点的人家，会在那天给亲朋好友发请帖，但不管你有没有收到请帖，想去都可以。而收到开斋节请帖的，必是被对方尊重和认可的人，回应的方式便是真诚地登门拜访，否则，会损伤一份感情，导致不愉快。亲友之间，更是要捷足先登，在第一时间互相祝福，否则，会是相互间感情上隔阂的一种表示。

伊斯兰国家使节也是这样。记得有一年，我们因当晚自己有活动，就通知了某伊斯兰国家大使，我们不能出席他们的开斋节"开门迎宾"晚餐了。该国大使说，打了招呼就行了，没关系。但该大使没告诉其夫人，于是，该大使夫人在这一年中多次对我夫人说，你们今年没出席我们的开斋节活动。不管我夫人怎么解释，她下次还是那么说，说得我夫人心里好难受。因此，我们盼着来年的开斋节赶快来临，好作些补偿。第二年开斋节，接到他们的邀请，当晚我和夫人第一个去了，而且待到很晚才走。从此以后，这位大使夫人再不说我们没参加她的"开门迎宾"活动了。

王宫开放四天

"开门迎宾"的活动，连王宫也不例外。王宫开放四天，第一天招待各国使节、各部高官和各界显贵，后三天招待普通臣民。苏丹率部分男性王室成员与男性臣民一一握手，王后、王妃及王室女性成员在另外的会客厅接见到访的女性臣民。驻文莱使馆参赞以下的官员和职员、外国游客、外籍劳工都可在这三天中畅通无阻地进入王宫。王宫随时备有丰盛的饭菜、糕点和水果，招待所有来客饱餐一顿，还赠送每人一个印有王室

特别标记、装满各类马来点心的食品盒。

作为一个文莱臣民，见国君、逛王宫、吃美食、拿礼物，何等愉悦！2008年开斋节期间，总共有超过10万人次进入王宫，也就是说，三分之一的文莱人都进了王宫。令人感叹的是，每年开斋节这么多人出入王宫，却秩序井然，畅通无阻，从未发生过任何安全事故。苏丹贵为一国之君，却又与民同乐，这既是开明，也是感化。也许，这正是君主制国家社会秩序的稳固剂。

在文莱工作时，我们夫妇每年都要进王宫，分别与苏丹、王后、王妃及其他王室成员一一握手，随意交谈。我们发现，王室所有人员都很随和、友好，对每位来宾都彬彬有礼，有时还诙谐地开个玩笑。

开斋节期间，王宫对公众开放，文莱臣民竞相向苏丹陛下及王室成员祝贺节日。

充满温情的聚会

开斋节期间，我们除到王宫外，还到所有部长、副部长、各部常秘、外交部各司司长、伊斯兰国家驻文莱使节及各界显要人物家中拜访，有时每天要走访数十户人家，一家待十来分钟，跑得好不辛苦。每到一处，我们都受到盛情招待，有的人家直接就把你引到餐厅，让你就餐。每到一家，我们至少得喝几口饮料，吃上一块点心，有时实在饱了，也学着文莱人，用右手在主人的食盘上碰一下，以示谢意。这样，一天下来肠胃负担真不轻。但我感到，这还是一个好的传统，特别是对驻文莱的外交人员来说，是个交友的好机会。凡是开斋节去拜过年的人家，下次在别的场合见到，总是倍感亲切，有时有些公务到办公室拜访难以解决，在拜年中也就解决了。根据我的观察，文莱官员对外国大使夫妇是否到他们家拜年是很重视的，我们走到一些人家，往往听到他们说，某某大使来了，某某大使还没来，等等。

斋月期间的文莱夜市一角，小贩在忙碌着制售食品。

开斋节期间，每位小朋友都会收到一个绿色的小信封，里面是长者派给拜年小孩的压岁钱，就是文莱的"红包"了。一家之主口袋里往往备有若干"绿包"，遇到小孩上门随手掏出一个。有的人家指派专人站在门口，手拿一叠"绿包"，一个一个小孩发下去。一些皇亲国戚和达官贵人家中，会有成群结队的土著装束的儿童，想必也是为那可爱的绿包所吸引。

一年一度的开斋节，是文莱人的快乐神经，也是文莱人充满温情的聚会。经过一个月的斋戒修持，心明性朗；再有一个月的开斋欢庆，理性和人性糅合在一起，融化为一处。当月亮高高升起，长空澄碧，繁星闪烁，一切显得这样完美、和谐。

青山依旧，绿水长流

——南京与文莱二三事

郭欣琳

（南京市外办亚非处工作人员）

2013 年 8 月，亚青会闭幕式当天，细雨纷飞。进场时，两位东南亚朋友走在身旁，虽不相识，我还是把自己的伞递给了他们，他俩笑了。这是我第一次见到拉赫曼先生，后来才知道，拉赫曼，文莱人氏，首都斯里巴加湾市时任管委会主席也。

2014 年 3 月，南京市友好代表团率市民龙舟队访问文莱，参加龙舟赛。一下飞机，只见拉赫曼笑意盈盈地站在出口处，百忙之中，他亲自前来迎接我们。文莱前些日子一直下雨，甚至发生内涝。我们到达那天，阳光普照，拉赫曼说，是南京人民给斯里巴加湾带来了好天气。拉赫曼还说起去年的借伞之谊，我心里很感动，这样的小事，难为他记得。

为了款待远道而来的我们，拉赫曼特地在家里举行了一次下午茶，请来民间艺人助兴，展示文莱传统音乐和武术。拉赫曼的家很大，装修华丽却毫无冰冷之感，也许是因为墙上挂满了家庭成员的照片。拉赫曼隆重展示了他的 DIY 画册，全家每出游一次，就选取一些照片，印成画册。翻阅着厚厚的册子，可以看出，拉赫曼是个热爱家庭、热爱生活的人。拉赫曼说，虽然穆斯林可以合法拥有四个妻子，但他只有一个，一个足矣。在拉赫曼家里，我们有幸品尝了拉赫曼夫人亲手制作的糕点，可口极了。确实，得妻如此，夫复何求？拉赫曼家的下午茶，我们大快朵颐，拉赫曼却一脸歉意。原来，我曾经开玩笑说，真希望能够在文莱这么美丽的国家吃上榴莲这么美好的水果。

但因为季节不凑巧，拉赫曼最终没能让我得偿所愿，为此，他心怀愧疚。拉赫曼随即话锋一转，说道，留些遗憾也好，以后就会再来，南京是斯里巴加湾唯一的友好城市，两个城市间的友谊就像文莱的草木，花开不败，四季常青。

拉赫曼先后两次访问南京，与南京颇为投缘。2013年亚青会期间，拉赫曼游览了溧水的周园。看到周园的桌子，他感叹道，一辈子都没见过这么大的桌子；看到玉山子，又惊奇地说，真是巧夺天工。拉赫曼甚至开玩笑说，他默默计算着周园里的藏品共价值几何。我们向拉赫曼介绍说，周园是一座私人博物馆，下次再来南京，我们去拜访南京博物院，欣赏更多稀世珍宝。拉赫曼对明城墙也是赞不绝口，他说，站在城墙上，看着玄武湖，感受到了一种静谧。美景醉人，美食亦如此。拉赫曼向很多文莱朋友叙述过在清真菜馆安乐园吃饭的经历：每个菜只有一小口，但有50多道呢，光是汤，就有足足四种！在夫子庙，拉赫曼疯狂血拼，买了若干丝巾。对于还价，拉赫曼虽不擅长，却很热衷，若是店家同意给个折扣，拉赫曼就大方展示他学会的唯一一句中文："你真好，你真好。"拉赫曼虽已年近六旬，却依然浪漫，和夫人将婚纱照拍到了全世界。我们对拉赫曼说，下次来南京拍套中国风的，汉服旗袍长衫马褂，拉赫曼连连称好。

去年3月，南京市友好代表团再次率市民龙舟队访问文莱，参加龙舟赛，在15人600米组的项目中一举夺得第三名。天气如此炎热，波浪如此汹涌，南京市民龙舟队能取得如此佳绩，实属不易。文莱友人说，来年再战，可就要得第一了。龙舟赛结束后，时任文莱内政部副部长哈尔比先生接见了我们。哈尔比回忆起2013年冬天访问南京的情景：天可真冷啊，住的酒店可真高啊，像在云上一样。

这些年来，因为有了拉赫曼这样的友人，有了龙舟赛这样的平台，南京与文莱的友谊日益增进。其实，南京与文莱的交往古已有之。明永乐年间，浡泥国王访问中国，不幸染上重病，去世后葬在南京。600多年后的2015年11月，文莱历史中心

代表团沿着祖辈的足迹来到南京。在浡泥国王墓，雨花台区文化局孙辰副局长详细介绍了国王墓的历史，耐心回答了代表团提出的问题。第二天，代表团来到明孝陵，聆听明朝的故事，神道两旁历经风雨蹉跎的石像生让大家感慨不已，踩在落叶上，如在画中行。到了总统府，大家学习了总统府从明到清到中华民国再到新中国的历史变迁，总统府提供的 cosplay 服务更是让客人喜笑颜开。代表团成员纷纷穿上长衫、格格服拍照留念，我就趁机向大家讲解这个衣服是哪个朝代的，那个朝代发生了什么，大家兴致盎然地摆出各种造型，流连忘返。和代表团挥手道别时，我有些许伤感。多么希望我们每个人都能笑得像文莱朋友这样，纯粹、开心，内心像文莱的阳光，干净、热烈。

我一直相信，所谓胜境，不过三分风景，七分故事，需得再加上那十分情谊，方才是最动人的美丽，因为有了感情，山水才有了清音。感谢亲爱的文莱朋友，光阴荏苒，真情厚意，永记心间。

友谊篇

共谱睦邻友好关系新篇章

——中文建交 25 周年回顾与启迪

刘新生

（中国前驻文莱大使）

中国与文莱是同濒一海的友好近邻，两国有着悠久的交往历史。根据我国史书记载，中国与文莱（古称"浡泥"）交往至少已有 1500 余年。早在西汉时期，双方就开始商品交换。明朝永乐年间，两国来往尤为密切，坐落在中国南京市的浡泥王墓和文莱斯里巴加湾市的"王三品路"已成为两国友好交往的历史见证。但自公元 16 世纪末西方殖民主义者入侵文莱后，两国来往中断。1984 年文莱独立后，两国接触与交往逐步恢复。1988 年联大期间，钱其琛外长在纽约会见文莱外交部长穆罕默德·博尔基亚亲王殿下，这是文莱独立后两国间高层官员首次正式接触。此后，两国外长和高级官员多次在联大和其他国际会议场合接触和交往，就如何发展两国关系交换意见，并开

1991 年 9 月 30 日，中国外长钱其琛和文莱外长穆罕默德·博尔基亚亲王在纽约联合国总部签署《中华人民共和国政府和文莱达鲁萨兰苏丹陛下政府关于两国建立外交关系的联合公报》。

始互致国庆贺电。1991 年 4 月和 8 月，中国副外长徐敦信和文莱外交部常务秘书林玉成进行了互访，双方就两国建交及共同关心的国际和地区问题深入地交换了意见。同年 9 月 30 日，两国外长在联合国总部签署了《中华人民共和国政府和文莱达鲁萨兰苏丹陛下政府关于两国建立外交关系的联合公报》，宣布两国从当日起建立大使级外交关系。建交 25 年来，在双方共同努力下，特别是在两国领导人的直接关怀下，两国关系取得了长足进展，步入了长期稳定发展的轨道。

高层交往频繁

两国国家元首和政府首脑保持互访，并多次在国际场合进行会晤，两国政府高级官员的往来也十分密切。文莱苏丹哈桑纳尔·博尔基亚陛下已 8 次访华或来华出席国际会议，文莱外交和贸易部长穆罕默德·博尔基亚亲王殿下也曾多次来华访问或参加国际会议。文莱外交与贸易部无任所大使玛斯娜公主殿下多次来华出席两国外交部高官定期政治磋商或出席研讨会。此外，文莱王储比拉殿下也曾访华或出席中国—东盟博览会。从中方来说，江泽民主席和胡锦涛主席于 2000 年 11 月和 2005 年 4 月分别对文莱进行了国事访问。2011 年 11 月和 2013 年 10 月，温家宝总理和李克强总理也先后对文莱进行了友好访问。双方高层互访对增进两国关系和两国人民之间的传统友谊、相互信任与合作起到了不可替代的重要作用。

特别是 2013 年 4 月，文莱苏丹应习近平主席邀请再次对中国进行国事访问，并出席博鳌亚洲论坛 2013 年年会。两国元首积极评价中文关系发展，决定将中文关系提升为战略合作关系，并发表了《联合声明》：双方重申，将相互尊重主权和领土完整，互不干涉内政。文方重申将继续坚持一个中国政策，支持两岸关系和平发展与中国和平统一大业，中方对此表示赞赏。双方同意秉持友好和善意的精神，以和平共处五项原则、《东南亚友好合作条约》以及其他公认的国际法准则为指导，建立中文战略合作关系，以增进两国和本地区的和平、稳定与繁荣。双方同意进一步提升两国经贸合作水平，在交通、通讯、基础设施建设、金融等领域开展密切合作，鼓励双方企业探讨在基础设施建设等领域建立合资企业的机会，支持两国有关企业本着相互尊重、平等互利的原则共同勘探和开采海上油气资源。双方同意进一步深化防务安全合作，保持两军经常性互访，加强在人员培训、非传统安全领域及地区安全机制中的合作，进一步促进地区和平与稳定，并将继续致力于维护南海地区的和平与稳定，敦促有关各方继续保持克制，增进互信，加强合作。强调应由直接有关的主权国家根据包括 1982 年《联合国海洋法公约》在内的公认的国际法原则，通过和平对话和协商解决领土和管辖权争议。希望有关国家进一步落实《南海各方行为宣言》，朝最终制定"南海行为准则"而努力。

经贸关系不断扩大

由于两国经贸合作起步较晚，加上文莱市场有限，双边贸易额相对较小，但随着双边关系的日益发展，两国贸易额持续增长，并在 2001 年首次突破 1 亿美元大关。近年来，两国贸易额成倍增加，2008 年和 2009 年的贸易额分别为 2.18 亿美元和 4.23 亿美元，更为可喜的是，2010 年达到 10.3 亿美元，比上一年增长 142.8%，如期实现两国领导人确定的 2010 年10 亿美元贸易额目标。2014 年，双边贸易额为 19.36 亿美元，

2001年5月，文莱苏丹哈桑纳尔访问深圳，参观高新科技园。（供图：中新社）

较上年增长 7.96%。

为进一步推动和加强双方的经贸合作，两国政府还先后签订了各种协定或谅解备忘录，其中有《鼓励和相互保护投资协定》（2000 年）、《避免双重征税和防止偷漏税的协定》（2004 年）和《促进贸易、投资和经济合作谅解备忘录》（2004 年）。从商品结构看，中国向文莱出口产品：工业制品占 86%，主要是纺织品和服装、钢材、金属制品、机械设备、家具、塑料制品、电子产品、运输工具、铝材、蓄电池、自行车、灯具；初级产品占 14%，主要是肉制品、蔬菜及水果。中国从文莱进口产品：初级产品占 99%，主要是原油；工业制品占 1%，主要是金属制品。

投资合作不断拓展

截至 2011 年 7 月底，文莱累计对华实际投资 21.7 亿美元。

其中，2011 年 1—7 月新增实际投资 1.5 亿美元。截至 2011 年 7 月底，中国企业对文莱累计非金融类直接投资 2765 万美元。近年来，随着中国经济腾飞，中国在文莱的投资也在加快步伐。2011 年 12 月，浙江恒逸石化有限公司在文莱投资建设年加工 800 万吨原油的石化项目，建设内容包括 800 万吨常减压装置、220 万吨加氢裂化装置、150 万吨芳烃联合装置、150 万吨柴油加氢装置、100 万吨煤油加氢装置，以及码头、罐区、电站、海水淡化等配套工程，项目总投资 43.2 亿美元。此外，双方的劳务合作逐步展开。中国企业在文莱累计签订承包工程合同额 3.7 亿美元，完成营业额 1.9 亿美元。2010 年中国—东盟自贸区的建成，使双边经贸合作进入了一个快速发展的新时期。

值得一提的是，双方农业合作是一大亮点。2009 年 5 月，

文莱工业与初级资源部长叶海亚应邀访华，与中国农业部签署了《两国农业合作谅解备忘录》。访华期间，代表团参观考察了广西农业科研机构、农业基础设施以及水稻、蔬菜、水果种植加工基地。近年来，文莱与广西的交流与合作快速发展，热带水果、蔬菜和水稻种植以及近海养殖、生态旅游等合作项目正在积极推进。根据文莱农业科技发展有限公司与广西玉林市旺旺大农牧有限公司项目合作协议，中方向文方提供优质杂交水稻品种、技术培训和专家指导，2009年在文莱开展水稻试种计划，2010年1月取得首批收割，成果不俗，预计可将文莱传统种植每公顷2吨的生产量提升至每公顷8吨或最多11吨。2012年11月，中文水稻种植、渔业养殖合作项目签约。

其他领域交流与合作日益拓展

建交以来，在经贸合作不断加强的同时，双方在其他领域的交流与合作也取得了明显成效。两国在民航、卫生、文化、旅游、体育、教育、军事、司法等领域的交流与合作逐步展开，先后签署了《民用航空运输协定》（1993年）、《卫生合作谅解备忘录》（1996年）、《文化合作谅解备忘录》（1999年）、《中国公民自费赴文旅游实施方案的谅解备忘录》（2000年）、《高等教育合作谅解备忘录》（2004年）、《旅游合作谅解备忘录》（2006年）。两国于2002年和2004年分别签署了《中华人民共和国最高人民检察院和文莱达鲁萨兰国总检察署合作协议》和《最高法院合作谅解备忘录》。2007年7月，中文两国决定互设武官处，双方表示有兴趣探讨在科技和防务领域进行双边合作的可能性。

文莱还十分重视参加中国—东盟博览会。自2004年参展以来，文莱的参展规模不断扩大，商家逐年增加，展位日益增多。2007年10月，文莱王储比拉亲自率团出席第四届中国—东盟博览会和中国—东盟商务与投资峰会，并在开幕式上作为主题国代表致辞。2010年10月，由文莱—中国友好协会负责的位于南宁的文莱国家商务联络部大楼正式建成启用，大楼内设立了文中友协的办事处，为两国民间交流又搭建了一个加深了解和友谊的平台。

此外，为便利双方人员交流，自2003年7月起，中国对持普通护照来华旅游、经商的文莱公民给予免签证15天的待遇。2005年6月，两国就互免持外交、公务护照人员签证的换文协定生效。2010年3月，文莱皇家航空公司重开斯里巴加湾至上海航线。文莱旅游局统计数字显示，近几年到文莱旅游的中国游客每年有近3万人，中国成为文莱最大的旅游客源国之一。

在地区和国际事务中保持着良好的协调和配合

双方赞赏中国与东盟关系近年来取得的显著进展，一致同意密切合作，共同推动中国东盟战略伙伴关系的发展。双方认为，进一步巩固和发展上述关系符合有关国家的共同利益，有利于亚太地区的和平、稳定与繁荣。双方重申致力于中国—东盟自贸区的建设。双方同意通过现有的东盟与中、日、韩（10＋3）合作机制进一步推动东亚合作。中方重申将支持东盟在东亚合作进程中继续发挥主导作用。在次区域合作方面，文方欢迎中方支持并参与地跨文莱、印尼、马来西亚和菲律宾的"东

盟东部增长区"建设。双方表示将继续致力于维护南海地区的和平与稳定，与东盟其他国家一道落实《南海各方行为宣言》后续行动。双方还表示愿探讨在南海开展合作的途径。关于东北亚局势，文方赞赏中方在六方会谈中发挥的重要作用，认为会谈有助于维护地区和平、安全与稳定。双方同意加强两国在联合国、东盟地区论坛、亚太经合组织、亚欧会议、世界贸易组织以及其他国际和地区组织中的协调与配合，以进一步促进和平、稳定与发展。

综观建交25年来的历史，中文关系始终保持健康稳定发展，双方尊重各自自主选择的符合本国国情的发展道路，积极探索互利共赢的合作方式，在本地区树立了大小国家平等相待、互利合作、和谐共处的典范。回顾两国关系所取得的成功经验，首先是始终坚持和平共处五项原则，这是两国关系不断发展的政治基础；第二是积极拓展两国各个领域的互利合作，这是推进中文关系发展的不竭动力；第三是不断加强双方在地区和国际事务中的协调与合作，这是维护我们共同利益的重要纽带。

马来语中有句谚语"tak kenal maka tak cinta"，意为"没有相互的了解，就不能建立深厚的情意"。如今，中国与文莱已成为真诚朋友和重要合作伙伴。展望未来，相信在和平共处五项原则基础上和"一带一路"倡议的推动下，结合各自国内发展战略，探索新形势下加强各领域合作的新思路、新办法，实现优势互补、共同发展，中文睦邻友好合作关系必将谱写出更加美丽的篇章！

玛斯娜公主的中国情缘

潘正秀

（中国前驻文莱使馆参赞）

2016 年是中国与文莱建交 25 周年。我有幸曾作为中国常驻文莱使馆第一代外交人员，在文莱工作和生活了四年多时间，对"和平之邦"那片土地留下了美好的记忆：旖旎质朴的风光、纤尘不染的街道、设计精美的民房、谦和有礼的人民……尤其是当年与文莱苏丹长妹、外交与贸易部无任所大使玛斯娜公主殿下结下的深厚友谊，更令我难以忘怀。

文莱一些习俗传统不乏中国影响，特别是旅居文莱的华人在欢度中国春节时有个"开门迎宾"的做法。他们在春节期间选择一天从早到晚大开门户，欢迎左邻右舍、亲朋好友登门贺年。1996 年，中国春节与文莱开斋节仅一天之差，而文莱国庆也在这期间。文莱人说，这年是"三喜临门"，历史上是少见的，节日气氛特别浓厚。使馆决定搞一次"开门迎宾"活动，并尝试邀请玛斯娜公主殿下出席。但公主殿下来不来，谁也没把握。

"开门迎宾"当日下午，玛斯娜公主殿下与夫婿携两个子女真的来了！公主说，这是她开斋节以来出席的第一个非王室的"开门迎宾"活动。我赶忙说，这是大使馆全馆人员的莫大荣幸。当时出席活动的来宾都对文莱王室人员打破惯例到中国大使馆贺新年表示惊奇。次日，当地华文报纸在头版显要位置刊登了"中国大使官邸开放，陛下胞妹登门贺年"的消息和大幅照片。文莱电视台当晚在黄金时间播放了这条新闻。自1996 年起，不仅玛斯娜公主殿下夫妇，还有更多的内阁部长及其他高官每年在春节期间到中国使馆贺新年。

　　1997 年香港回归之际，使馆决定举行庆祝香港回归大型招待会，邀请玛斯娜公主殿下作为主宾出席，她愉快地接受了邀请。招待会前两天，我在一次外交场合发现公主殿下拄着拐杖，一瘸一拐地走路，赶忙问怎么回事。公主殿下说，她打羽毛球时不慎脚扭了。我脸上顿时流露出为公主殿下着急的表情。公主殿下看出我的心思，迅即安慰说："没关系，庆祝香港回归的招待会我一定出席。"我说："可是殿下上台接见演员恐怕有困难。"公主殿下却爽快地表示："到时你帮助我就行了！"招待会那天，演出结束后，公主殿下在我的搀扶下登上舞台，并同全体演员合影留念。这件事不仅表明公主殿下对文中关系十分重视，也反映了她坚强乐观的性格。

　　多年来，玛斯娜公主殿下为增进中文两国相互了解作出了重大贡献。每逢两国有重大活动，只要公主殿下在文莱国内，

都是"有请必到"，拨冗出席。公主殿下喜爱中国文化，对中国和中国人民怀有深厚的友好情谊。自 1997 年以来，她已 8 次访华，我们夫妇多次陪同。2006 年 4 月，公主殿下率团拜谒了位于南京雨花台区的古渤泥国王墓，并为"中国—文莱友谊馆"揭牌，拉开了中国与文莱正式建交 15 周年纪念活动的序幕。

为了表彰公主殿下对推动中文两国友好关系作出的特殊贡献，2011 年 6 月，中国人民对外友好协会授予她"人民友好使者"称号。2013 年 5 月，公主殿下再次率团来华访问，全国人大常委会副委员长沈跃跃在会见时称赞她是"中国人民的好朋友，中国妇女的好姐妹"。

中文两国携手跨过了四分之一世纪，在双方的共同努力下，两国在政治、经济、文化、教育、卫生等领域的交流与合作取得了长足进展，在地区和国际事务中相互支持、密切配合，中文友谊显示出了蓬勃生机。我相信，在和平共处五项原则基础上，中文睦邻友好合作关系在下一个 25 年必将谱写出更加美丽的篇章！

民间友好关系，从我的梦开始

陈家福

（文莱—中国友好协会常务副会长）

2016 年是文莱与中国建交 25 周年，我们也迎来了文莱—中国友好协会成立 11 周年。值此喜庆时刻，回顾当初筹建友好协会的不平凡历程，至今依然历历在目，令人感慨万千。

此前，文莱与中国的交往只限于官方层面，政治交往和政府间交流与合作日趋密切。但从某种程度上说，两国的民间文化交流、相互理解与信任的局面还没有真正打开，民间友好关系的发展依然处于瓶颈之间。直到友好协会真正成立了，局面才逐步打开，它对促进文中之间相互理解、增信释疑不无裨益，对维护与发展两国民间友好关系起到积极的作用。当初，在文莱—中国友好协会尚未成立之前，我曾担任文莱商会秘书长一职，除为工商界提供工商资讯交流的机会、促进国际工商界的沟通外，还致力于推动文莱的贸易与文教事业。我活跃于世界各地的工商会组织之间，与当地政府各部门保持经常的联系。

这样的工作性质，使得我接触到很多的国际人士，也开展了广泛的交流活动。当时我就有一个梦想——文莱是否可以举办一场残疾人表演活动？我想，残疾人用歌声、舞蹈、乐器演奏等方式讲述励志故事，一定能感动全场。因为关怀残疾人是社会进步的一个重要标志，对构建和谐社会有着十分重要的现实意义。残疾人为了实现自己的梦想和人生价值，一直不懈努力，不知付出了多少的汗水和泪水。如果他们能以阳光的心态来到文莱演出，就能给文莱民众带来愉悦、希望和信心。

这件事一直让我记挂在心。因为工作关系，我曾经在与中国驻文莱大使及使馆人员聚餐交流时，畅谈过自己的理想和抱负。我提到了这个梦想，当时就得到热烈的响应，大家纷纷出谋划策，以期能帮助我尽早实现。

真是机缘巧合。几天后，中国大使馆给我打来了电话，要介绍我到北京参观考察。接到这个消息，我立刻欣然应允。在有关方面的精心安排下，我在北京考察了中国残疾人艺术团，这令我印象深刻。恰好，中国残疾人艺术团推出了"我的梦"系列作品，与我的"梦"重叠。两者之"梦"在此相遇、融合，必将奏出和谐的乐章。我想，既然有了梦，就希望有个好的开头。

于是，我暗下决心，要配合文莱国庆的庆祝活动，邀请中国残疾人艺术团到文莱举行一场风格迥异的演出。我想，残疾人士的演出应该会成为一台精彩的、很特别的节目。这也是我力促中国残疾人艺术团成行的初衷。

当时已是 2003 年 11 月初，距离 2004 年文莱 20 周年国庆的日子(2 月 23 日)已经不远了。该怎么处理好这个问题呢？我们想了很多的办法，也得到一些部门的配合，最终在 2003 年 12 月 23 日，我们与中国残疾人艺术团签署合约，商定隔年 2 月到文莱演出。

万事开头难，留给我们的也只有短短两个月的筹备时间。可是，正当筹备活动如火如荼开展之际，马来西亚的合作方因故中途退出，剩下文莱方面独资承办此项大型活动。演出庞大的成本支出一下子全部压到我们一边，我个人也承受了极大的压力。"我一个人能支撑下来吗？这个梦还能继续下去吗？"我当时确实这么想着。

时间不等人，刻不容缓。少了马来西亚合作方的配合，我只能找文莱的社团出来赞助。结果也是不尽如人意，但我始终没有放弃，心想即使负担再重，咬紧牙关也要坚持下来。于是，我找了本公司两三个亲近的同事及职员一起合作。当时，只有一家银行愿意赞助中国残疾人艺术团团员们的住宿，其余演出场地等费用则由我的公司和几个亲近的同事、职员共同负担。

"当所有的一切都不支持你的时候，你还要找出解决方案，你必须快速地往前跑。"我坚信，只要坚持下去，就一定会发生质变，那些负面的信息也会烟消云散。

2004年2月25日，中国残疾人艺术团一行终于如期抵达文莱首都斯里巴加湾市。为了达到此次活动的预期效果，我还特地邀请了中国媒体记者进行采访报道，无形中又加重了活动经费的负担。

2月27日，首场"我的梦"演出在杰鲁东圆形剧场隆重登场，为本地观众献上一场精彩的文化交流盛宴。鲜有满场的剧场，当晚却异乎寻常地出现了观众爆满的情景。

首场演出还获得文莱王后、两位公主以及其他皇室成员、文莱政府官员、各国驻文莱大使等拨冗出席观看，这是本地文艺演出极少享受的至高礼遇。

当晚的演出非常成功。演出结束后，王后与皇室成员微笑着走上舞台，和演员们一一握手，并与全体演员合影留念。观众们也久久不愿离席，在台下报以持久的掌声。

中国残疾人士的倾力演出得到空前的热烈好评，其影响之大让人始料未及。为了进一步满足本地观众的需求，第二场演出同样安排在该剧场。翌日晚上演出结束后，观众纷纷围住中国残疾人艺术团的演员，希望和他们合影留念，并索要签名。

当晚出席观演的文莱本基兰马汀王子随后也亲自接见艺术团的演员们。他表示，这样的演出非常成功，十分感人。王子的话语，是对我们的高度评价，同时也证明了我们安排此次演出活动是很有意义的，对促进文莱与中国的民间文化交流产生了积极的作用。

演出之余，艺术团演员们还往返学校、残疾人公益机构交流联欢，其中尤其受到了文莱中华中学 3300 多名师生的热烈欢迎。该校师生们纷纷表示，中国残疾人超人的意志与智慧，以及用心去创造奇迹的做法，对我们每一个人都有启发。中国残疾人艺术团用舞台上感人至深的表演、舞台下亲切朴实的气质深深打动了文莱民众。

在欢送宴上，我终于忍不住透露了促成艺术团此行的幕后艰辛，大家听了都感慨万分，不胜唏嘘。此次中国残疾人艺术团莅文交流，是我一生中经历最为困难、也是收获满满的活动。除了确保该团在文莱演出的成功，凡事都要亲力亲为外，我也应付了诸多的困难和不小的挑战。不过，令我感到庆幸的是，我们不仅成功举办了三场声势浩大的演出活动，还为当地华人学校筹得 3 万余元文币善款，不失为一件天大的好事。

一个星期之后，中国残疾人艺术团在文莱的演出活动徐徐落下帷幕。两国的文化交流活动虽然画上了一个完美的休止符，但是成立文中民间友好交流协会的想法在当时便顺势而生。

后来，我便主动联系文莱的友人，积极筹措创立文莱—中国友好协会，以增进文中两国人民的了解和友谊，推动国际交流与民间合作。

幸赖文莱各界人士的配合，经过多方沟通，在中国大使馆等方面的大力支持下，我们终于等到了这一天的到来——2005 年 4 月 18 日，文莱—中国友好协会宣告成立。协会成立以来，为两国间的友好往来与经贸合作作出了重要的贡献。我也成为文莱—中国友好协会最早的发起人之一。

文莱—中国友好协会成立后，我曾担任过首届理事会秘书长，现任常务副会长一职，一直积极参与各项促进中国—东盟多边合作的活动，同时努力寻求文莱与中国双边商贸合作的机会。

我们这个友好协会作为文莱与中国之间友好交流与合作的机构，一直致力于组织中国各地（包括南宁、南京、宁夏等）经贸代表团到文莱开展推介活动，并组织文莱工商界人士到中国各地考察、交流、访问洽谈等合作事宜。

不仅如此，文中友好协会以中国—东盟多边合作为契机，积极参与各项促进中国与东盟发展的活动，起到很好的沟通桥梁的作用。例如中国—东盟博览会期间的论坛、泛北部湾论坛、"魅力东盟，走进中国"、广西南宁中国—东盟商务区推介活动，以及开展南京、宁夏等地与文莱的双边经贸、文化、旅游合作等。

值得一提的是，我们这个协会除了历年举办接待、参展、交流活动外，还向本地企业家提供更优质的服务，并于早期成功主办了商业午餐会，邀请到中国国家主席等领导人的出席，一度传为佳话。

此外，文中友协迄今还承办了第二和第十届中国—东盟民间友好大会，获得一致好评。我本人先后担任这两届大会的主席一职。

2007 年 6 月 20 日，第二届中国—东盟民间友好大会在文莱举办。来自中国对外友协和中国东盟协会以及东盟十国民间友好组织的代表和工商界人士 150 多人出席了大会开幕式。

大会主宾、文莱外交与贸易部无任所大使玛斯娜公主表示，加强民间交往是东盟与中国双方的共同愿望。近年来，东盟与中国的关系发展迅速，双边贸易大幅增长，在信息与通信技术、运输、能源、文化以及抗击自然灾害等方面的合作全面展开。

她相信东盟与中国扩大合作必将进一步增进地区和平与繁荣。

2015年11月3日至5日，第十届中国—东盟民间友好大会再次在文莱首都斯里巴加湾市举行，来自东盟各国及中国的民间友好组织、民间团体和商界代表出席。中国东盟协会会长顾秀莲应邀率团参会。文莱内政部长巴卡尔、初级资源与旅游部长阿里、教育部长苏约伊、斯里巴加湾管委会主席拉赫曼、中国驻文莱大使杨健等出席了相关活动。

大会期间，各国代表围绕"共筑民间友谊，共享和平繁荣"这一主题畅所欲言，回顾总结东盟与中国在各个领域的交流与合作，并为扩大民间友好、促进各方互信、共谋未来发展广开言路，献计献策。

在文莱期间，顾秀莲会见了文莱外交与贸易部无任所大使玛斯娜公主，访问了具有93年历史的文莱中华中学，并出席了文莱—中国友好协会成立十周年庆祝活动。大会还向顾秀莲颁授了"东盟—中国民间友好使者"称号。

文莱内政部长巴卡尔向中国东盟协会会长顾秀莲颁授"东盟—中国民间友好使者"称号。右2为文中友协会长洪瑞泉，右1为陈家福。

顾秀莲等与参加第十届中国—东盟民间友好大会文艺演出的小演员合影。左3为文中友协会长洪瑞泉，右3为陈家福。

　　4日晚，参会代表和3000多名当地民众同样在文莱杰鲁东圆形剧场共同观看了由文莱中华中学师生呈献、富有中国和东盟国家文化特色的一场盛大文艺演出，将整个活动推向高潮。

　　回顾十年，风雨兼程。文莱—中国友好协会现已成为文莱与中国开展民间交往的重要平台，作为民间文化交流的第二座桥梁，积极协助政府开展民间外交和对外交往，为推动两国的关系发展作出了重要的贡献。

　　于我而言，无论是缘于肩负的责任或是心中的梦想，我都要一如既往地致力于文莱与中国乃至中国与东盟各国的文化、民间交流活动，在促进中国与东盟各国民间友好交往，缔造睦邻友好、和谐共赢的关系中，发挥自己的专长，为中国与东盟各国的发展作出自己应有的贡献，为中国与世界各地合作开展"一带一路"建设奉献心力。

中文民间友好情

武 炯

（中国人民对外友好协会亚非部副处长）

在全世界的国名中，有的叫共和国，有的叫王国，有的叫联邦，还有的叫合众国，这些都反映了一国的政体。而在这190多个国名中，有一个却很特别，不能让人一眼看穿它的含义：文莱达鲁萨兰国，简称文莱。只有查阅马来语的原文，你才能豁然开朗：Negara Brunei Darussalam，Negara 意为"国家"，而 Darussalam 意为"和平之邦"，寓意警惕，并求安定。"Brunei"一词来源于梵文，是航海者的意思。

文莱究竟是怎样的一个国家？为什么要将"和平""安定"直接写入自己的国名？文莱和中国又有着怎样的联系？有幸在中国人民对外友好协会（简称"全国友协"）东南亚处工作的我，有幸通过两次访文的旅程和几次接待文莱政府和民间代表团，对文莱有了些了解，对中文民间友好有了更多的认识。现愿与各位分享。

初识文莱

文莱古称浡泥，位于亚洲东南部，加里曼丹岛西北部，总面积为 5765 平方公里，人口只有 40 多万。作为一个地"广"人"稀"的"袖珍小国"，这里仿佛介乎乡村与都市之间：清洁、安宁，满眼蓝天白云，满目亲切祥和。文莱人纯朴平静，神情和善，与之对视，总有微笑回应。文莱人汽车拥有率极高，平均每家至少拥有两辆汽车。走在大街上，几乎看不到行人，出租车在这里是"稀有动物"，全国只有不到 40 辆。宽阔的道路上车辆也少，和拥堵的北京对比鲜明，而且还有速度下限，仿佛每条路都是高速路。

文莱是个以原油和天然气为主要经济支柱的国家，其石油储量居东南亚第二，仅次于印尼。油多人少造就了这个排名世界第六的富有国家，也让文莱的油价相当便宜，据说每升 97 号汽油 0.53 文元，相当于一瓶可乐的价钱，柴油更加便宜，只要 0.31 文元每升，还比不上一瓶矿泉水的价钱，而且这价格 30 多年来没有变过。得益于高额的 GDP 和政府财政，文莱全民免税，国内教育和医疗服务全部免费。此外，政府对个人建房也是十分优待。

文莱是一个"主权、民主和独立的马来穆斯林君主国"。因此，清真寺是文莱的代表性建筑。金碧辉煌的大清真寺与红瓦尖顶的小祷告堂交相辉映，散落在文莱的各个角落，仿佛一颗颗异彩缤纷的珍珠。在首都斯里巴加湾市，著名的清真寺有两座，一座是以现任的二十九世苏丹名字命名的苏丹哈桑纳尔·博尔基亚清真寺，由主体建筑和四个尖顶圆塔组成。主体圆顶和配搭圆顶均为 24K 纯金制成，耗金 2.4 吨，拱顶的内部饰有色彩艳丽的玻璃。清真寺的 29 个金碧辉煌的小圆顶是为了纪念文莱王朝的 29 位苏丹，4 座 57 米高的塔尖装饰着蓝色和白色的马赛克，高高矗立，肃穆又华丽，散发着具有浓郁文莱特色的伊斯兰文化气息。另一座是以现任苏丹父王二十八世苏丹名字命名的奥玛尔·阿里·赛福鼎清真寺，整座建筑巍峨高大，庄严肃穆。赛福鼎清真寺三面环水，闹中取静。巨大的圆形金顶和镂空的乳白色尖塔一派豪迈风格，据说金顶由 330 万片金片镶成。

除了清真寺，还值得一提的是文莱拥有世界上最大的皇宫，即现任苏丹居住的奴鲁尔·伊曼王宫。据说里面有1700多个房间，装饰金碧辉煌，十分华贵。作为这个君主制国家中最庄严和至高无上的地方，皇宫在文莱的国庆日或开斋节对外开放，平民可以前往参观奢华的宫殿，还可以和苏丹握手。

中国与文莱

公元10世纪，当时的浡泥国就与中国建立了友好关系。可以说，中文友谊历史悠久，源远流长。同时，由于浡泥国位于当时东、西洋海上交通的枢纽之地，地理位置重要，郑和第一次下西洋时就访问了此地，并封前国王世子麻那惹加那乃为浡泥国王，授予印符、诰命。明永乐六年（1408年），麻那惹加那乃国王携王后、子女及陪臣等150余人远涉重洋，回访中国。而后，麻那惹加那乃病逝于南京，按其遗嘱"体魄托葬中华"，明成祖朱棣以王礼将他安葬于南京。明成祖还下诏书，宣布由麻那惹加那乃之子继承王位，并派人护送他归国。临走前，明成祖设宴为他饯行，并赐赠黄金、白银。可见明成祖对浡泥国的重视和两国当时的友好情谊。从此，中文间的友好交往、经贸往来以及使节互访络绎不绝。

1991年9月30日，中文两国正式建立了外交关系。建交以来，双边关系发展顺利，各领域友好交流与合作逐步展开。1999年，两国签署联合公报，进一步发展在相互信任和相互支持基础上的睦邻友好合作关系。2013年，两国建立战略合作关系。

中文关系发展顺利，得益于历史上的友好往来，得益于两国平等相待、交往有信，当然也离不开两国高层间的常来常往和对两国友好的高度重视与亲力亲为。文莱的玛斯娜公主殿下正是对文中友好特别热心、关心和上心的一位。玛斯娜公主是现任苏丹的胞妹，不仅是文莱王室成员，也是文莱外交与贸易部的无任所大使。公主曾9次访华，并多次参加两国政府和民间举办的各种活动。2011年6月，全国友协授予玛斯娜公主"人民友好使者"荣誉称号，并由中国东盟协会会长、时任全国人大常委会副委员长顾秀莲女士亲自颁发奖章和证书。而顾秀莲会长与玛斯娜公主之间的友谊也成为两国关系的一个缩影。

2007年，顾秀莲会长率团访问文莱，出席第二届中国—东盟民间友好大会，期间与玛斯娜公主会面。两人一见如故，从此以姐妹相称。而此后公主正式访华或来华出席活动时，也都要抽空见见她的"大姐"。2015年11月，第十届中国—东盟民间友好大会再次在文莱举办，顾秀莲会长再次率团访

文。因为工作人员把会见时间通知错了，公主一直在外交部会客室等待。当得知会见时间出现偏差后，顾会长马上取消了有关日程，迅速乘车前往外交部与公主见面。公主在电梯口迎接，拥抱贴面礼后，与顾会长手拉着手走进了会客室。两人又是叙旧，又是拉家常，相谈甚欢，原定半小时的会见延长到了1个多小时。而在会谈中，我也有幸了解到两人的友谊为何如此珍贵难舍：在2007年的那次会见中，公主虽以无任所大使之职会客，但作为皇室成员却享有皇家的礼数待遇。当她发现顾会长坐的椅子是小一点的没有扶手的椅子后，立即让礼宾人员将自己的椅子换成了和顾会长一样的。这一小小的举动让顾会长感动不已，更体现了公主的平易近人和对中国客人的尊重，因此顾会长时常称赞说"公主是特别亲民的、中国人民的老朋友"。

民间友好

"国之交在于民相亲"，堪称不同制度国家间平等相待、互利合作、和谐共处典范的中文关系也得益于两国的民间友好工作。而这其中，更离不开由全国友协于2004年发起的中国—文莱友好协会（简称"中文友协"）以及2005年由文方洪瑞泉先生、陈家福先生等当地华裔发起的文莱—中国友好协会（简称"文中友协"）。成立10多年来，两国的友协始终以友谊、合作、和平、发展为己任，通过互访、文化、体育、青年等活动为加深中文民间友谊而努力。

谈到两国的民间友好事业，就不得不提文中民间友好事业的开拓者、实践者和传承者洪瑞泉先生。洪先生祖籍福建，自协会成立起便担任了文中友协的常务副会长，2015年起担任

协会会长。洪先生作为文莱杰出的华裔商人，以商贸合作为桥梁，以文化艺术为纽带，以广西作为开启双边合作的立足点，以中国—东盟多边合作为契机，积极参与各项促进中国与文莱民间友好的活动中。

斯里巴加湾市有一所著名的文莱中华中学，是早期移居文莱的华人先辈为了传承中华文化，让子女学习母语而于1922年创办的。历经近百年的风风雨雨，克服了各种困难，文莱中华中学不断发展壮大，成为文莱最大的华语学校，为文莱的华语教学作出巨大的贡献。而洪先生正是文莱中华中学的董事长。洪会长曾表示："华校教授中文、马来文和英文三种，这让在文莱的华人、华侨都觉得很幸运。因为我们看到20多年来中国的经济已经在高速启动，文莱人能够懂得三种语言，

2013年5月17日，中国人民对外友好协会会长李小林与来华访问的玛斯娜公主共同展示"中文友谊万古长青"条幅。

以后就可以顺利地和中国人沟通，这对学生的未来更好。"学校从1922年创校时仅有22名学生，发展到目前拥有3000多名学生。文莱苏丹曾两次来校参观。特别是2002年10月2日文中庆祝创办80周年时，苏丹亲自主持了庆典开幕仪式。苏丹的两次到访是对文中华语教学的认可和支持。

洪会长除了担任协会会长、华校董事长，还有一个更加沉甸甸的职衔——文莱武术总会主席。"武术在文莱是一种新的表演形式，"洪会长这样表示。每年，文莱中华中学都会进行武术表演和舞龙舞狮表演，当地很多人都过来欣赏，十分热闹。此外，每年文莱武术总会都会带领武术队和舞龙舞狮队到中国部分省市培训，让两国的年轻人有更多的交流接触。"我们正是通过这种形式向大家介绍中华文化在文莱的传承，让文莱友族了解中华文化的博大精深，"洪会长说。

2016年是中国与文莱建交25周年，两国关系站在了新的起点上。我们有理由相信，还将有更多像玛斯娜公主殿下和顾秀莲会长姐妹情深的故事会在两国人民中间出现，还将有更多像洪瑞泉会长一样热心两国民间友好的人士不断涌现。愿中文民间友好情开出更加鲜艳的花朵，结出更加丰硕的果实，生生不息，代代相传！

热心公益事业，乐于奉献社会

——记文莱—中国友好协会会长洪瑞泉

刘新生

（中国前驻文莱大使）

文莱与中国隔海相望。在这个 40 余万人口的"和平之邦"，居住着 5 万多华人，他们以华族特有的方式融入社会，平和富足地在此展枝繁叶，为当地的经济发展作出了重大贡献，同时为推动中文友好关系发挥了重要作用。其中最突出的一位当数文莱—中国友好协会会长洪瑞泉先生。

中国大使馆的编外"馆员"

1991 年 9 月 30 日，钱其琛外长在纽约出席联合国大会期间，与文莱外交部长穆罕默德·博尔基亚亲王殿下签署了中文两国建交公报，决定自联合公报签署之日起，两国建立大使级外交关系。文莱是东盟第六个成员国，也是最后与我国建交的东盟国家。中文外交关系的建立，标志着中国与东盟国家关系的全面提升。当时，双方委任各自国家驻马来西亚大使兼任驻对方国家大使。为适应两国关系不断发展的需要，1993 年 8 月，双方商定在各自首都互设使馆，并互派常驻大使。同年 10 月，我从中国驻印尼使馆奉调回国，准备出任首任常驻文莱大使和着手筹备各项建馆工作。此前，我虽曾参与中印尼复交后的建馆，但文莱与印尼情况不同。因为中文建交之前，两国交往很少，初到文莱，我们可以说是比较陌生。

刘新生大使宴请文莱侨领林德福老先生（中）和洪瑞泉先生（左）。

正当我为筹建使馆犯难之时，文莱杰出华人洪瑞泉先生随文莱苏丹访华先遣组领队、文莱外交部礼宾司司长阿卜杜拉先生来京。洪先生积极与我取得联系后，他们夫妇在王府井一家穆斯林餐厅宴请我这位候任大使和夫人，阿卜杜拉先生出席作陪。席间，洪先生向我们热情地介绍了文莱的人文地理、王公贵族及华人情况，并说他在首都斯里巴加湾市拥有一家四星级旅馆（泓景酒店），如果中国建馆需要，他愿意提供方便。当时，我真是喜上眉梢，没想到有人找上门来，帮我们排忧解难。就这样，中国大使馆建馆先遣组很快进驻了泓景酒店。同年 12 月 8 日，中国大使馆在泓景酒店门前升起了第一面五星红旗，举行了开馆仪式。洪先生和其他 26 位华人朋友出席开馆仪式，见证了这一庄严的历史时刻。

　　1993 年 12 月 26 日清晨，在新年和中国传统节日春节前夕，我从北京乘文莱皇家航空公司 BI622 航班飞赴文莱履新，并于当日中午抵达文莱。阿卜杜拉先生作为文莱外交部代表和

洪先生等华人到机场迎接。当时，阿卜杜拉先生已内定出任文莱驻华大使，我们相互之间很自然地产生一种特别的亲近感。我一下飞机看到老友前来迎接，倍感喜悦，我们相互拥抱。在机场贵宾室愉快交谈和稍事休息后，由洪先生等人陪同，我乘车去中国大使馆先遣人员下榻的泓景酒店。从此，我开始履行作为中华人民共和国首任常驻文莱达鲁萨兰国特命全权大使的职责，这是我多年外交生涯中的一个重要经历。

在洪先生的热心帮助下，使馆各项工作开展十分顺利。在使馆购置的外交用车尚未到达前，洪先生将他家私车——一辆奔驰300无偿提供大使使用。1994年春节是我们在文莱度过的第一个中国传统节日。为安抚大使馆人员节日思乡之情，洪先生与夫人商量，把我们全馆人员请到他的私人别墅，与他的家人一起欢度除夕。我们在别的使馆过春节时，一般是使馆内部联欢一下，很少全馆人员到华人家待一个晚上。那天在洪先生家几乎要了个通宵，先是聚餐，然后有的打麻将，有的唱卡拉OK，有的打台球。12点又吃夜宵，吃饱喝足了，开始第二轮娱乐，快天亮了才回馆。馆员们感到在国外过了一个开心的除夕之夜，个个心中乐滋滋的。我们使馆在泓景酒店大约住了三个多月时间，对使馆提出的要求，只要洪先生能做到的，他都尽量予以满足。使馆人员深有感触地说，洪先生无形中发挥了建馆"顾问"与编外"馆员"的作用。

我们夫妇在文莱任职四年半的时间，一直与洪先生保持着密切的联系。1998年4月，我们任满回国，洪先生等华人朋友都到机场送行，依依不舍。此后，我们彼此都十分珍惜那份真挚的友谊，隔三岔五有所联络。2011年初，文中友协成立五周年之际，我作为中文友协副会长应邀出席文中友协成立五周年各项庆祝活动，受到洪先生等文莱朋友的热情接待。在庆祝大会上，我宣读了中国人民对外友好协会、中国东盟协会和中文友协的联名贺信，高度评价文中友协成立五年来为增进两国人民相互了解，促进双方在经贸、文化、教育等领域的交流与合作做了大量卓有成效的工作，已成为促进中文两国人民友好的纽带。我衷心祝愿文中友协不断发展壮大，取得更大的成就。会后，文中友协还举办了一场联欢大会。我们夫妇走上熟悉的舞台，对熟悉的朋友唱了几支大家熟悉的华语歌曲。洪先生兴致勃勃地走上舞台，紧紧握着我的手，连连夸赞"刘大使夫妇风采不减当年"。结束在文莱的访问，洪先生专程陪同我们夫妇赴新加坡小住数日，在那里，他又安排我们与一些新朋老友团聚一番。至今，我们夫妇仍十分怀念在文莱度过的那段美好时光和与洪先生夫妇之间的亲密友谊。

为中文经贸交流牵线搭桥

2005 年 4 月，祖籍福建的洪瑞泉先生出任文莱—中国友好协会的常务副会长后，就开始寻求两国双边商贸合作的机会。经过慎重考虑，洪先生以广西作为开启双边合作的立足点，以中国—东盟多边合作为契机，积极参与促进中国与东盟发展的各项活动。

洪先生投资的第一站选择了南宁，这个机会是在中国政府大力推动中国—东盟多边合作的背景下实现的。自 2004 年 11 月 3 日首届中国—东盟博览会在广西南宁成功举办后，博览会迅速发展成为亚太地区最具影响力和市场吸引力的品牌展览会之一。基于博览会对投资贸易自由化和便利化的推动，广西先后开发建设中国—东盟经济园区、中国—东盟物流园区、中国—东盟国际商务区。东盟各国商务联络部大楼便在这个背景下应运而生。

　　2005年3月，广西壮族自治区人民政府在北京广西大厦召开座谈会，邀请东盟十国、日本、韩国和港、澳特区政府驻京外交使节、办事处负责人，通报了中国—东盟国际商务区的建设构想和相关各国及地区联络部大楼的规划，揭开了"故乡外的家"的建设序幕。各国和地区商务联络部大楼由广西区政府部门交给各国和地区商务主管部门指定的承建方建设，承建方建设完成后，统一由广西区政府正式移交给各国和地区商务主管部门，作为东盟十国、日本、韩国和港、澳特区政府在广西南宁永久性的商务联络部大楼使用。自2005年中国—东盟国际商务区的建设构想和相关各国及地区联络部大楼的规划出台后，文莱—中国友好协会在当年就与文莱工业与初级资源部签署了文莱国家商务联络部大楼的承建以及管理谅解备忘录，并于2007年5月28日在凤岭东盟国际商务区文莱基地园区举行了盛大的奠基仪式。经过三年的建设，文莱商务联络部大楼于2010年竣工。

2007年10月28日，在南宁参加第四届中国—东盟博览会的中国国务院侨办主任李海峰和文莱—中国友好协会常务副会长洪瑞泉握手问候。（供图：中新社）

2010 年 10 月 20 日，文莱商务联络部大楼率先举行了启用仪式。新落成的文莱国家商务联络部大楼主体建筑面积8000 平方米，设有展厅、会议室、行政处及活动中心。文莱国家商务联络部大楼的启用，标志着中国与文莱的关系迈上了新台阶，成为双方友好合作的新象征。文莱国家商务联络部大楼启用仪式的举行，宣告中文两国商界有了频繁互动与合作的最好平台，开启了东盟各国商务联络部大楼建成和移交使用的序幕。这标志着广西与文莱的商务合作迈上了一个新的台阶，也表明中国与文莱乃至东盟各国今后在经贸文化领域的交流合作将更为紧密和便利。文莱国家商务联络部大楼正式启用，不仅彰显了文莱政府坚定发展对华经贸关系的决心，同时也显示了承建单位——文中友协付出的巨大努力，文莱来华从事各种生意的商家从此有了一个"故乡外的家"。文莱国家商务联络部大楼是两国友好交往的一座桥梁，它跨越了国界，增进两国人民的相互了解和友谊，进而促进双边经贸、教育和民间等多领域的合作。同时，随着中国—东盟自由贸易区的不断发展，它将发挥更加重要的作用，为两国人民合作交流的美好前景作出更大贡献。

自 2005 年决定在南宁投资以来，洪先生积极参与到各项促进中国—东盟多边合作的活动当中。仅以中国—东盟博览会为例，他每年都组织文莱商人组团参加，并积极介绍中国与东盟的优势投资项目。2010 年 11 月，他还开办了《中国·东盟商界》杂志，以媒体的方式对中国与东盟进行宣传互联，再次以创业的方式为中国—东盟自贸区的发展作出实际贡献。2010 年中国—东盟自贸区成立后，洪先生开始大力开展促进自贸区繁荣的各项活动，积极参与中国—东盟博览会期间的论坛、泛北部湾论坛、广西南宁中国—东盟商务区推介活动等。

2011 年 8 月，他在参加泛北部湾经济合作论坛期间接受了中外多家媒体的访问，深入地分析了中国与文莱建交 20 年以来在能源领域、农业技术领域以及共同开发南海等方面的合作，不但介绍了中国与文莱友好合作 20 年来的一些具体成果，而且描绘了在中国—东盟自由贸易区框架下两国未来在水稻种植业、渔业合作方面的美好发展前景。

多年来，洪先生致力于中国—东盟民间相互认识，相互理解。他始终相信，在经济上得到了实惠，文化上的交流自然也就更加容易。通过相互了解，加深认识，部分国家之间的分歧也将得到宽容、和平的解决。通过跨国创业来营造和谐的氛围，会是一个长期有效的交流方式。

致力于文莱华文教育事业

文莱中华中学

文莱华人开办华文学校的历史较早，现有的文莱华校最早开办于 1918 年。1922 年创办的华人中学，二次大战后已初具规模。50 年代是文莱华文教育的鼎盛时期，华校一度发展到 126 所。文莱现有的华校大都创办于此时，一些较早创办的华文小学也陆续于此时开办初中部和高中部。

英国殖民政府对华文教育的政策是允许其合法存在，给予部分资助，但逐步加强管理和同化。从 1956 年开始，政府规定给华文学校津贴的最高额以学校年经费的半数为限。1969 年 8 月 20 日，文莱政府宣布停止对华校的资助，这使部分华校停办或陷入困境。此后，华校只有依靠由一些热衷于华文教育的华人组成学校董事会集资来维持。

目前，文莱有华文学校 8 所，其中中学 3 所、小学 5 所。华文中学设有高中部、初中部、小学部和幼儿部。华文小学也设有幼儿园。学制一般实行幼儿园3年、小学6年、初中3年、高中2年。华校现有学生7000多人，教职员工近400人。因为教学质量较好，管理有序，也吸引当地一些马来人把子女送到华文学校上学。各华人社团在促进华文教学与华人子女教育方面都不同程度地有所贡献，每年一般都要向本社团属下的品学兼优的子女发放奖学金。此外，学校还组织舞狮、武术、民乐等传承华人文化传统的活动，以增加华族学生的族群认同感。

在8所文莱华校中，以首都斯里巴加湾市的文莱中华中学最著名，它历经90多年的风风雨雨，克服各种困难，不断发展壮大，成为文莱最大的华语学校，为文莱的华语教学作出巨

大的贡献。学校从 1922 年创校时仅有 22 名学生，发展到目前拥有 3000 多名学生，当地友族学生占 25% 左右。教师除本地人外，还聘请了不少外国教师，其中包括来自中国大陆的老师。值得一提的是，文莱苏丹陛下曾两次来文中，特别是 2002 年 10 月 2 日文中庆祝创办 80 周年时，苏丹亲自主持了庆典开幕仪式。苏丹的两次到访是对文中华语教学的认可和支持。洪瑞泉曾多年担任文莱中华中学的董事长，既出钱又出力，为华人子女受到良好教育立下了汗马功劳。

文莱中华中学是早期移居文莱的华人先辈为了传承中华文化，让子女学习母语而于 1922 年创办的，其办学方针是为文莱华社、国民及旅居文莱的外国侨民子女提供教育服务。除教授华文外，文中还教授马来文和英文。洪先生认为，文中采取三种语言并重，在文莱的华人、华侨都觉得很幸运，如果他们选择华校，他们的子女就可以来文中学习。他强调，从上世纪 90 年代开始，随着中国经济的崛起，中文也越来越得到重视。从文中毕业的学生，早期只能到台湾去留学，近年来到中国大陆学习华文渐成流行趋势。每年，学校都会派出数十名学生到中国参加夏令营活动。

热心两国民间友好的使者

民间交流是国家关系中的重要组成部分。如果说政府间关系对国家间关系起着决策性的作用，那么民间交流则是国家间发展关系的基础。政府与民间两个渠道相辅相成、相互促进。为加强两国与两国人民之间的友好关系，2004 年 9 月，在文莱苏丹访华期间，中国—文莱友好协会在北京宣告成立，为两国人民架起文莱、中国交流桥梁中的一端。2005 年 4 月 18 日，

文莱内政部长巴卡尔（右6）、中国东盟协会会长顾秀莲（左6）、文莱—中国友好协会会长洪瑞泉（右5）及东盟各国的代表在第十届中国—东盟民间友好大会开幕式上合影。

在胡锦涛主席访问文莱前夕，文莱—中国友好协会也宣告成立。双方友协还签署了一项谅解备忘录，并达成如下共识：（1）双方组织企业家、商人、经济学家、技师、教师、医生、科学家、新闻工作者、文学艺术界人士及其他方面人员互访。（2）双方开展两国民间文化交流，互派艺术团组，互办具有本国鲜明特色的各种展览。（3）双方互派专业考察与培训人员。（4）组织文化体育代表团互访。（5）在经贸、教育及社会或社团活动方面相互协助。（6）相互交换有历史、文化、经济、社会、教育和科学价值的出版物及有关音像制品。（7）促进两国间的旅游业。（8）将努力通过不断达成的协议来鼓励在其他领域的合作。

文莱—中国友好协会成立伊始，洪瑞泉先生就担任常务副会长，2015年2月换届后，洪先生被选为文中友协会长。10

多年来，由他领衔的文中友协一直积极参与每年一届的中国—东盟民间友好大会，并先后于 2007 年 6 月和 2015 年 11 月承办了第二和第十届大会，为推动中国—东盟民间交流作出了积极贡献。与此同时，文中友协还积极参与中国—东盟博览会的各项活动，促进中文在农业等领域的交流合作，介绍中国农业专家赴文莱种植水稻，积极参与了 2010 年上海世博会文莱国家馆的展出。2010 年 10 月，由文中友协负责的位于南宁的文莱国家商务联络部大楼正式建成启用，在大楼内设立了文中友协的办事处，举办了由文中友协编辑的《中国·东盟商界》杂志推介仪式。不仅如此，文中友协还接待过多个赴文莱访问的各类中国团组和文艺团组，所有这些为促进两国的民间友好交流作出了重要贡献。

此外，作为文莱武术总会主席，洪先生还致力于在文莱推广中华传统文化——武术。每年，文莱武术总会都会带领武术队和舞龙舞狮队到中国部分省市培训，让两国的年轻人有更多的交流接触，还在使馆的一些重大活动（如国庆招待会等）及华社聚会上表演。他认为，正是通过这种形式向大家介绍中华文化在文莱的传承，让文莱友族了解了中华文化的博大精深。

由此可见，文中友协不仅为双方民间交流提供了新的渠道，而且已成为促进中文两国人民友好的桥梁。其中，洪瑞泉先生和文中友协的朋友们功不可没。

文莱河上龙舟竞技

孙 曼

（南京市外办亚非处处长）

文莱位于加里曼丹岛北部，被马来西亚东部的沙巴和沙捞越两个州包围着，是个只有40万人口的热带国家。文莱古称渤泥国，早在汉代就与中国有交往。明朝永乐六年（1408年），当时的渤泥国王麻那惹加那乃带着全家及陪臣共150多人来中国朝圣，明成祖以极其隆重的礼仪接待了他们。国王在当时的京城南京游览月余，但不幸染上重病，最终病逝于南京。明成祖遵其"体魄托葬中华"遗嘱，按王礼将其埋葬在南京，于是就有了位于南京市雨花台区铁心桥乡东向花村乌龟山上的"渤泥国王墓"。这段历史被写进了文莱小学教科书。正因为这600多年前的渊源，南京市与文莱首都斯里巴加湾市结成友好城市。每年春天，在文莱河上举行的盛大的龙舟竞赛，都会邀请南京的龙舟队参加。于是，2016年我们幸运地如约来到文莱。

从香港起飞，只要4个小时就可以抵达文莱。从空中看去，身下是一大片绿油油的热带雨林，加上很多个浮在海上的小岛以及成片的红顶小别墅。下了飞机后，只见高大的椰子树映衬着金碧辉煌的王宫和国家清真寺，仿佛来到了阿拉丁神灯的世界。人行道两旁是五颜六色的三角梅，除了国内常见的玫瑰红色之外，还有很多粉色和白色的，在热带明亮的阳光下显得格外娇艳、高洁。

一年一度的龙舟赛是当地的重大节日。除本国的龙舟队之外，还有不少来自印尼、马来西亚等邻国的友好队，划龙舟的是清一色的健壮小伙，浑身晒得黑黝黝的，一笑露出一口白牙。他们一边划着桨一边整齐地呼喊着口号，当一艘艘装饰得五彩缤纷的龙舟在水面上你争我赶的时候，两岸的观众席上也热闹非凡。很多市民拖儿带女前来观看。文莱没有计划生育，一般家庭都有四五个孩子，甚至还有七八个的。一大家子人身着正宗的民族服装，喜气洋洋地外出观看龙舟竞赛，十分壮观。尤其是不同年龄段的妇人与少女，穿着五颜六色的马来长袍，裹着与长袍色彩式样配套的围巾，走在整洁宽敞的大道上，显得婀娜多姿、端庄妩媚。

文莱是伊斯兰君主制国家，苏丹今年已届古稀之年，但身材健壮挺拔，满面红光，面露慈祥和蔼的笑容，看上去非常平易近人。一天中，除给100多支龙舟队伍热情颁奖之外，苏丹还多次巡视观众席，与众人握手。当地人一见到他就全体起

2014 年 3 月，南京市民龙舟队在文莱河上训练。

立，行注目礼，还有很多人上去虔诚地吻他的手，看来苏丹在臣民中威望确实很高。举行龙舟赛的文莱河又宽又长，波浪湍急，河边就是著名的"文莱水村"。水村过去全是用木头或铁皮盖成的高脚小房子，人们靠捕鱼为生，撑着小船进出，生活很不方便。后来文莱成了富裕的产油国，于是由政府出资建造了一大片钢筋混凝土结构的水上别墅，每栋房子底部都有高架支撑，深深地插在河水中。水村已成为文莱的一大景观，村口有"一村一品"农产品展销室，所售产品有竹编的小包、小篮子，有木制和藤制的日用品。还有卖各类自制食物的，多为高糖高油的油炸类食品，所以当地人大多数都比较丰满，每个人的脸上都挂着亲切和善的微笑。我们在国内所熟悉的那种焦躁与警戒的表情，这里几乎很少见到，感觉就是一片海上的世外桃源。

　　去参观国家清真寺的时候，正值傍晚的祈祷时间，夕阳照

文莱水村

文莱苏丹哈桑纳尔为参加龙舟赛的南京市民龙舟队颁发纪念奖牌。

在金灿灿的清真寺圆顶上。寺庙里跪满了虔诚的信徒，四周静悄悄的，唯有一个浑厚的男声正在诵读《古兰经》，声音透过屋顶的扩音器传遍首都斯市。那声音拖得长长的，既充满了威严，又似乎带着一丝忧愁。我们虽然听不懂，但都情不自禁地停下了脚步，心中仿佛感受到一种无法名状的震撼。

我在文莱教华文

杜 艳

（文莱中华中学教师）

2013年，幸运的我被选派到文莱中华中学援教，来到这个陌生的国度，感受到不一样的文化、不一样的环境、不一样的习俗。刚开始的一段时间，我担心不能很好地与学生沟通，工作压力又大，很累，晚上失眠，挺不适应的。但我很快调整好自己的心态和生活方式，学生的单纯、天真、可爱，同事的纯朴、善良、热情，让我很快就融入了这里，并爱上了文莱这片热土。

在这里上班，我每天都是带着愉快的心情开始一天的工作。在上班路上，就会有很多孩子热情地跑过来和我打招呼，有教过的学生，也有没教过的学生。我第一年和第二年都教小学一年级华文，从拼音开始教，因为有部分马来语和拼音发音不同，有些马来族的小朋友由于母语的习惯很难转变过来，我需要把这些容易混淆的发音用形象的方式反复地让学生们练习掌握。我姓杜，对这里的孩子来说，要发好这个音是很不容易的。他们的发音习惯里没有第四声，刚开始有个孩子拉尼娅叫我"读"老师，甚至上课问好都叫的是"读老师午安！"每次我都纠正说："我爱读书，但是我不是读老师，我是杜老师。"一边说还一边做第四声的手势，拉尼娅也跟着我，一边打手势，一边跟着念几遍。之后很多次见面，都有学生跑过来打着手势叫："杜老师早安！"如果叫错了，我一做四声的手势，他们便会马上改过来，然后再开心地跑开。还有的孩子 d 和 t 发音混淆，叫我"兔"老师。于是我一边做兔子跳的动作，一边说我不是

rabbit 兔子老师，然后拍拍肚子打第四声的手势，说我是杜老师。学生一听哈哈大笑，说不是 rabbit 兔子老师，是杜老师。

去年教过的孩子，今年不再教了，可是不管在任何地方，不管离多远，孩子们看到我都会热情地和我打招呼，一直要喊到我听到为止。有几个女生还经常跑过来和我拥抱，紧紧地抱着我。Vernice 是我第一年教过的学生，直到今天，她每天都还会来害羞地和我抱抱。每天一走上教学楼的楼梯，到二青班门口，就会有几个孩子跑过来，开心地跟我问好，然后陪着我走到办公室门口。孩子们每一次问好、每一次拥抱，都让我心里暖暖的。孩子们的爱让我坚持着，让我每天的工作都充满了激情，让我累并开心着。

每天上课，孩子们和我都是轻松开心度过的。他们有不理解的问题会提出来，我便使出浑身解数来解答。有时为了帮助理解一个词语的意思，我会用上一些英语，再加上手舞足蹈的比画，有时再加上几笔简单的简笔画。直到看到他们点着头说："哦，老师，我知道了。"那是我觉得最有成就感的时刻。

班上的孩子也越来越喜欢学华文了。这一学期，我们年级新开设了一个阅读写作专班，每个班选五个同学利用课外的时间参加学习，以进一步提高他们的华文水平。我在黄班一讲这个消息，很多同学纷纷举手表示要参加。看到同学们这么踊跃，我的心里可高兴了。可是名额有限，我知道有些孩子在参加其他活动，就提醒这个时间有参加其他活动的同学就可以不参加，以后有机会再参加。话音刚落，慧玲就站起来讲："杜老师，我在学习武术，但是我可以跟武术老师讲，我晚一点再去，没有关系的。"佳瑜听了，生怕自己不能参加，马上站起来说："我在补习，可是我可以跟补习老师讲，我可以提前半个小时离开。杜老师你选我吧。"玟明迫不及待地说:"我没有参加其他活动,我每天都可以来,选我选我!"……看着同学们学华文有这么高的热情、这么浓厚的兴趣,我的心里很感动,都不忍心不选谁。

当我念到天乐名字的时候,他开心地跳了起来,一整天脸上都露出掩不住的喜悦。可是第二天,他却一脸忧心忡忡地来找我:"杜老师,我有一天不能来参加阅读和写作专班,怎么办呢?我会被取消吗?"原来是这样,我松了口气,还以为发生什么事情了。我很肯定地告诉他:"一次不能来没关系的,其他时间来认真学习就可以了。"听完我说的话,他的脸上才又恢复了笑容:"耶!太好了!谢谢杜老师,我最喜欢你!"说完,高兴地和同学一起去玩了。过了一会儿,天乐的爸爸又来找我,他不知道孩子找过我,说今年我教了天乐,天乐的华文提高很多,比以前学习更有兴趣了。以前他回家只用英语和家长交流,现在回家会用华文交流,每天回家都要读华文书,还教妹妹读,并让家长买华文书给他看。看到孩子们越来越喜欢华文,看到他们的进步,我觉得来文莱援教很有意义,于是毫不犹豫地申请延长援教年限。

2016 年,为了提高学生学习华文的兴趣,低小特地举办了华文歌唱比赛。报名的时候,同学们都很积极踊跃。上课时,我打算让参加比赛的同学上台唱华文歌,一来可以让他们得到锻炼,二来也可以给其他同学启发,希望同学们得到艺术的熏陶,以后肯定会有更多的同学唱华文歌。当我问:"谁愿意上台来为同学表演唱歌?"谁知没有同学愿意唱,我傻眼了,只好叫薇淇上台先唱,因为平时她胆子最大,上课也爱回答问题。看到我这么肯定,她慢慢地走上讲台,问我:"老师,我可以不唱吗?""为什么不唱呢?"我感到很好奇。薇淇说:"我唱华文歌，怕他们笑我。"原来，平时学生唱歌都喜欢唱英文歌，她担心唱得不好同学会笑她。我说："我保证我不会笑你，你有勇气参加华文歌唱比赛已经很了不起了，老师都为你鼓掌，我相信同学们也不会笑你的。""但我还是很害羞，不好意思在同学面前唱歌。""你比赛的时候会有评委老师听你唱，还有很多不认识的同学和家长，还有更多的老师听你。你现在大胆地唱，练好了，到时你就一点都不会害怕了，杜老师和同学们会为你们加油的。"这时，教室里响起了掌声，还有同学喊："唱吧，薇淇，你最棒！"薇淇感觉受到了鼓舞，眼睛看向我，我微笑地对她点点头，她露出了笑容，抬起头开始放声歌唱。同学们静静地聆听，感受着华文歌曲的美妙。薇淇唱完歌，大家热烈地鼓掌。

端午节吃粽子，是一件很平常的事情。可是我到文莱第一次过端午节吃到的粽子，让我特别难忘。雅娜是我班上的华人小朋友，胖乎乎的，十分可爱。每天上完华文课，她总会跑过来找我聊上半天，总有问不完的问题，还经常画画送给我，有时还配上一段甜蜜的话。端午节要到了，有一天他们班上的华文课刚好是最后一节，放学后，雅娜的妈妈塞给我两个粽子。我很不好意思，说："你太客气了，留给雅娜吃吧。"她说："马上就是端午节了，这是我自己包的粽子，做法应该和中国的不一样，包了很多我们这儿的食材。尝尝吧，看看和你家乡的味道有什么不同。你一个人跑这么远到这里来教华文，挺不容易的，又不能和家人团聚，你就不要客气了。"听了这番话，我心里太感动了，眼泪在眼眶里直打转。我只想说，这是我吃到的最好吃的粽子。

每年华人春节，文莱都要放三天假。在这期间，华校会有一项特别的活动——舞龙舞狮为学校筹款，我所在的文中也不例外。每年春节，我都会参加这个活动。第一年参加只是想去感受一下，觉得中华文化在文莱传承得很好。当我看到董事、校长为了学校办学筹款，放弃休息时间，顶着烈日四处奔波筹款，心里特别感动。文莱是没有四季的，在文莱过春节没有隆冬、没有寒冷，一年只有一个季节——夏季，只有烈日高照，相当于中国七八月最热的时候。2016年大年初一，一大早我就跟副董事长、学校龙狮队出发了，出去就是一整天。阳光非常强烈，天气十分炎热，因为龙狮队的表演都在户外，我们随队的董事和老师也要在旁边做些相关的工作，一天要跑很多家。太阳晒得睁不开眼睛，汗水湿透了衣服，感觉皮肤上的热气散不出去，我们年轻人都觉得很辛苦，受不了。而副董事长已经72岁了，还放弃和家人、亲朋的团聚，不停地东奔西跑，忙里忙外，带着大家到处筹款，为学校作贡献。我非常敬佩他。我在他们身上看到了中华文化传承的不易，正是有了这些前辈的努力，中华文化才得以更好地传承。所以，春节的三天假，我就出去筹款两天，虽然很辛苦、很累，但是能为华校更好地发展作出一点点的贡献，我也觉得非常荣幸。

不知不觉，在文莱援教已经两年半了，回忆这两年多的点点滴滴，让我感动，让我快乐，让我难以忘怀。在文莱援教的点点滴滴，将成为我人生中最美好的回忆！

一个东北大妞的
"南下"之旅

于红蕾

（文莱马来奕中华中学中文教师）

"你带着点儿大酱和咸鸭蛋不？这到那儿全是宝贝，你去哪儿买去？！" "你再带个枕头吧，吃的怎么着都能对付，可是这休息不好可怎么都补不回来，荞麦的枕头睡着可舒服了！"每次离家之前，老妈都得这么嘱咐一通，一定要把我的箱子塞满才肯罢休。就在这样的准备之中，我的文莱志愿者生活紧锣密鼓地开始了。

我穿着羽绒服、大棉鞋，在北京零下十几度的天气里登上了前往文莱的飞机。从小长在东北的我，除了上大学离开过家之外，就从没去过其他的地方。对于刚刚大学毕业的我，走出国门，成为一名志愿者教师，是怎么也没想到的事。来之前，对文莱这个国家，我充满了期待和幻想，同时也充满了疑惑和好奇。来到这里已经快三个月了，我才对这个国家有了初步的认识和了解，打消了刚来时心中的迷茫和疑惑，更多了对志愿者肩上责任的认识。

大妞"南下记"之一：为了孩子也是拼了！

来之前，对文莱的印象全部来源于"百度"。百度提供了以下几个关键词：石油、进口、富有、炎热，以及那个我们曾经疯狂追过的"飞轮海"吴尊的故乡。带着这样的印象，我踏上了前往文莱的飞机。到达之后是这边的校长接机，第一餐我们在学校附近的华人餐厅吃的晚饭，服务员会简单的汉语，而且校长与同行的一位老师的汉语十分流利，更增加了我对这边汉语水平的信心。第二天，我就开始了教学任务。我被分在了幼儿园。这边的幼儿园分为三个年级，我分在了幼一，这些孩子刚入学一个月，还没有熟悉课堂，不知道遵守课堂纪律。这便是我面对的第一个挑战。

想要解决这一问题，沟通成了重中之重。部分孩子可以听懂英语和汉语，但还有部分孩子只能听懂马来语，学习马来语成了我的必修课。在开始几天的教学中，我学习了简单的马来语，熟悉了孩子的性格和脾气后，即使听不懂说什么，也知道他们要做什么。慢慢地，一切步入了正轨。让孩子听话、听讲，是一个老师的责任，但这些责任并不全部归结于老师，也需要家长的协助。熟悉了学生和家长后，第二个问题便这样出现了。有些华人的家长，根本不和孩子讲汉语，只说英语。这就使我的教学进入了困境。在学校的时间毕竟有限，回家如果家长不及时督促，帮助练习，那么汉语真的无法进步。这成了我教学以来最头疼的问题。

为了搞清楚为什么有些华人家长对小孩子汉语教育的意识不够强烈，我请教了一些已经在这边数十年的语文教师，这才对当地汉语教育的现状有了初步的了解。第一，文莱是个伊斯兰国家，政府对华校并不十分支持，导致这边华校的教育受到一定的限制。第二，国民大部分都是穆斯林，相较于中国，中文并非教育部要求的考试科目，也不参加类似中国"会考"的考试，相对于英文和马来文，自然处于较弱的地位。因此，家长对中文的重视自然受到影响。第三，由于是伊斯兰国家，即使是华校也必须有一项特殊的课程——宗教课。一些穆斯林同学需要上宗教课，而那些非穆斯林同学则会留下上其他的科目。前面已经提到，中文并非政府指定的考试科目，所以不得已，这些宗教课都是占用中文课的时间，只有剩下的少部分学生留下继续上中文课。但此时，老师也没有办法进行新的内容。第四，也是比较重要的一点，家长对中文的重视不够，导致孩子们学习中文的热情不够高涨，所以中文学习一直处于不温不火的状态。这使得华校的处境十分困难，当然中文教育也受到了一定的影响。

为了改善这一情况，在课上，我增加了播放中文儿歌的时间，并且争取只要学一个中文单词，就会有一首对应的儿歌，激发小孩子学习汉语的兴趣。在休息时间，我给学生放《大头儿子小头爸爸》动画片。对于小孩子来说，看适当长短的动画片，能培养他们说话思维的成长，也能增强学习兴趣，还是有所助益的。除了在课堂上增加培育兴趣的活动，我也

学生们的作品

加强了同家长的沟通。初来乍到，跟一些家长还不是十分熟悉，慢慢接触之后，我尽量了解孩子在家的情况，了解孩子的性格脾性，当然也会劝一些家长在家跟孩子多说汉语。这其中，最具挑战的是跟马来家长的沟通，为了让马来家长可以帮助小孩子学习汉语，我需要在课本上的汉语拼音旁边标注上对应的英语，方便家长帮助孩子学习，当然潜移默化地家长也会学习一些汉语。

经过不断地摸索和实践，孩子和家长们学习汉语的热情有所提高，学习成效显著。这也使得我得到了些许成就感。不过我也明白，这只是万里长征的第一步，还有很长的路需要我去探索前行。

大妞"南下记"之二：虽然累，但也精彩！

与国内的课程设置相比，我所在的马来奕中华中学的课程设置更为紧凑，虽然基本上每天下午都没有课，但是早上从 7 点开始上课，一直持续到中午 12 点半，这期间学生并没有课间休息。不间断地授课和学习，对老师和学生来说都是巨大的考验。编排有趣的课堂活动，变成了教学课程必不可少的一部分。平日的教学活动是我们的分内之事，不足挂齿，不过很有幸的是在 2016 年 3 月的假期，我所在的学校有机会和暨南大学合办"中华文化大乐园"活动。

来自暨南大学的十多名老师来到马来奕，教授孩子们剪纸、泥塑、草编、竖笛、腰鼓、舞蹈、歌唱、武术等中国传统技艺。为期十天的文化乐园活动，同学们跟着中国老师，更加了解了中国的文化。这十天期间，我负责五年级蓝班学生的管理工作，每天负责点名集合，组织学生参加相关学习，当然我也有机会跟着学生们一起学习这些即使在中国也无法学到的才艺。在这个文化大乐园期间，整个训练营的孩子都积极参与老师的教学活动，在经过几次课的训练之后，学生们独立做出了草编、泥塑以及剪纸作品，这使得他们对中国文化有了更广泛的认识，并且增强了对汉语学习的兴趣。

在训练营的最后，每个老师都会选一些学生进行最后的汇报演出。很幸运，我所带的班级被舞蹈和腰鼓老师选中参加最后的表演。在最后两三天的时间，我们集中进行彩排和训练。腰鼓和舞蹈老师一遍一遍地陪着我们彩排，更正动作，提醒学生们表演时的表情、在舞台上的走位，一切都为了在最终的汇报演出中实现最好的演出效果。同学们和老师们都付出了很大的努力。在练习腰鼓时，第一项巨大挑战就是需要长时间地捆绑腰鼓，因为在打腰鼓的过程中，由于剧烈运动，鼓很容易松掉，所以在一开始绑腰鼓的时候一定要十分用力，有的孩子到了第二天腰上已经开始瘀青。打响腰鼓需要手指夹住鼓槌，向腰两侧的鼓面打响，由于一开始孩子们打腰鼓的姿势并不正确，有些孩子的手指会不经意地打在鼓上，长时间的训练也使得孩子们的手上受伤不断。孩子们虽然辛苦，但是腰鼓老师比孩子们还要费心更多。老师将动作教授给孩子以后，在排练整体效果时，总会有些地方不能实现，但由于时间有限，又没有办法强求孩子做到，老师在教的过程中，就不断地改动作，使孩子们更容易吸收，更加容易实现整体效果。老师对待专业的态度，也使得孩子们更加认真地学习。在最后演出时，腰鼓作为开场节目，孩子们很早就要来化妆、换衣服、绑腰鼓，虽然等待时间很长，但孩子们一直不停地复习动作，以便最后表演时能够展现出最完美的状态。

除了腰鼓以外，我们还参加了舞蹈《弟子规》的汇报演出。相对于腰鼓来说，舞蹈并不需要过多的道具，但是对学生们形体的要求确实更加严格。多数学生都是没有舞蹈功底的，在做动作以及情感表达上总是不够到位，为了让孩子们能够更加容易吸收，为了学生们能够学有所得，舞蹈老师就边排练边改动作。而且，舞蹈老师坚持不丢下一个孩子，这才使得我们可以全班一起参加最后的演出。那些功底较差的孩子为了能跟上动作，即使课程结束也留下来练习，以确保最后演出的万无一失。

　　为期十天的训练营虽然时间不长，但是孩子们在这十天里学到了很多的东西，当然也跟中国来的老师们建立了深厚的友谊。班上的孩子纷纷找各个科目的老师要签名、要电话号码，老师们都说，自己体验了一回明星待遇。这一点，跟国内的孩

孩子们在后台等待中。

子完全不一样，国内的孩子对老师更多的是怕，而这边的孩子则是把老师当成自己的朋友一样，喜欢跟你玩，喜欢跟你聊天。训练营结束之后，好多学生还特意去申请了微信账号，不想跟这些中国老师失去联系。经过这十天时间，我跟这些孩子们也成了非常好的朋友，即使我并不是他们的语文老师，他们平时也会到我所在的班级来找我，说一些他们最近学习上的困惑以及烦恼。这让我十分感动，也感受到了与国内极大的不同。这十天，用一句话概括就是：累，并快乐着！

大妞"南下记"之三：对生活的变化措手不及！

说完了教学和文化活动，该说说来文莱后的生活了。相对于教学和学生时代的区别，生活方面还是比较容易适应，除了这边炎热的天气，其他的方面都在接受范围之内。例如这边的食物，文莱华人较多，到处都能看见上面有中国字的商店，华人超市更是不胜枚举。来之前我妈千叮咛万嘱咐要我带的咸鸭蛋和大酱，都陈列在这边华人超市的货架上，远远没有想象的难找。比较夸大地说，凡是你在国内想要吃的食物，在这边的华人超市你都可以找得到。学校附近每周六的下午都有菜市场，本地人叫"大幕"，里面可以买到新鲜的蔬菜和海鲜。当然还有一个重要的问题，在这个伊斯兰国家，想吃猪肉怎么办？实际上，在这里，尤其当着穆斯林的面是不能谈起猪肉这个话题的，也是不礼貌的。不过，在一些大型的华人超市，你可以在很隐蔽的小窗口找到猪肉制品，但是买了之后最好放在包里，不要让穆斯林看到，因为这样十分不礼貌。

除了食物以外，当地马来人以及本地华人的文化对我们来说也是相当新奇的。当地人十分热情好客。我们刚刚到达的一个月以后，便是中国的新年，当地的老师便热情地邀请我们去家里吃饭，而且基本上所有的老师都会邀请你去他家吃家宴，你只要有时间、有肚子，就可以去当地人家吃到正宗的当地食物，而且还可以打包。（顺便提一句，这边几乎所有人都会说一句汉语：打包！）只要你去别人家拜年，不论你是否认识这家人，主人都会为你准备食物，甚至还会给你包红包。当地人的热情好客，也使我的新年过得更加多姿多彩。

在去别人家拜年的过程中，我也知道了当地的另一种习俗。你只要进入了主人家的房子，一定要脱鞋。在国内，我们一般会在屋里穿拖鞋，而这边的习俗是光着脚，这是比较特殊的一点。我们第一次去别人家拜年，并不知道这一习俗，因为没有在门口看见拖鞋，我们一行人就直接穿着自己的鞋走了进去。而主人也没有直接提醒我们，怕我们不好意思，只是笑笑看着我们。经过旁人的指点之后，我们才知道这一习俗。

过新年时，当地的华人保留了传统的庆祝活动——舞狮。而在国内，已经很少能看到有舞狮走在街上，挨家挨户地进行表演了。在当地，舞狮既是特色的新年庆祝活动，同时也成为华校新年筹款的一种方式。每个华校都有自己的舞狮队，大家会去学校董事家拜年，又或者是到一些商社的成员家拜年，为学校下一年的开销进行筹款。舞狮到达每一家，都会把主人家的每一个角落走一遍，为主人家新的一年祈福祝祷。不得不说，舞狮队的成员虽然大多是学校的学生，但他们心灵手巧，能将主人家给的橘子或者柚子等水果摆成各种各样的形状，为主人家祈福。

在新年舞狮的过程中，最累的还是舞狮队的学生们，他们每天要跑到各家舞狮，募捐筹款，虽然累，但他们的脸上一直

于红蕾和学生们合影。

带着微笑。我曾经问他们，舞狮这么累，你们为什么还要在过年放假的时候来舞狮呢？他们的答案让我出乎意料："因为喜欢，看到主人家因为我们的舞狮开心，我们也开心。"很简单的理由，没有传扬中国文化的伟大理想，也没有子承父业的宏伟抱负，他们就只是单纯地喜欢。就是这种单纯的"喜欢"，把中国传统的文化一代又一代地传承下去，并且发扬光大。可能他们认为这只是件小事，不过其意义已经远远超乎想象。

比起这些可以通过中国传统艺术形式将中国文化传承和发扬光大的人们，我们所能做的少之又少。教书育人是老师的天职，加强学生对中国的理解，提高学生们的学习兴趣，是我们义不容辞的责任。"东北大妞"来到文莱，学到了太多，也明白了太多。学到了两国文化的不同，学到了异国文化的精彩；明白了教书育人的责任，也明白了中国文化的重要性。我的探险之旅还在继续，期待有更多与我们志同道合的人们不断地加入。你的故事一定更加精彩！

重走郑和睦邻之旅，再谱中文友谊新章

——中国海军"郑和"号训练舰访问文莱侧记

王天祥

（中国驻文莱使馆工作人员）

2012年9月11日上午10点，伴随着轰鸣的马达和汽笛声，中国海军"郑和"号训练舰徐徐驶入文莱穆阿拉港皇家海军基地。两军乐队凯歌高奏，八一旗帜猎猎招展，甲板和舰桥两侧，中国海军将士昂首挺胸，军威雄壮。岸上数百名文莱皇家海军官兵、当地华人和中国驻文使馆工作人员拉着欢迎条幅，挥舞着中文两国国旗欢迎"郑和"舰的到来，仪式气氛热烈，场面隆重。

在为期4天的访问中，双方开展了一系列友好交流活动。军舰首长先后拜会文莱军政高层，出席国防部开斋节"开门迎宾"活动并与苏丹陛下亲切交谈；文皇家海军官兵和当地民众、华侨华人踊跃参加军舰开放日活动，参观军舰设备并与中国海军官兵互动；舰上官兵有组织地上岸观光游览，体会这个美丽国度的风土人情。几天的访问是中文两军和两国人民的一次友谊大聚会。此情此景，让人不禁翻开600年前郑和远洋船队到达文莱的宏大历史画卷，重新回味那年代久远的中文友谊之歌。

公元1407年和1421年，郑和船队先后两次到达加里曼丹岛北部的美丽国度浡泥，也就是今日"和平之邦"文莱的前身。百余艘150多米长、四倍于哥伦布帆船的郑和宝船迎风破浪，旌旗招展；大明使臣衣着光鲜，将士甲胄鲜明，带着中

国福被四海、恩泽八方的和平愿望，开启了中国与文莱这颗"东南亚明珠"友好交往的先河。大量中国盛产的茶叶、瓷器、香料送给了当地人民。中文两国和两国人民被郑和的"和平之访""友谊之访"紧紧地凝聚在一起，两国友谊自郑和以降绵延数百年，佳话不绝于耳。郑和是名副其实的中文友好的参与者、见证者。

斯里巴加湾市王总兵路

作为中国驻文莱使馆的一名外交官，我常常能听到流传在文莱民间的关于郑和访文的佳话。文莱国家博物馆展出大量从文莱河畔出土的中国文物，许多是当年郑和船队所留。在我的居所旁边有一条路，叫作"王总兵路"（用福建话说是"王三品路"），就是当年文莱人民为纪念郑和的副将王景弘而以其官职命名的。现在提起郑和，从政府官员到普通百姓，无不拍手称道，称其为"伟大的海军上将"。

今天，历史得以重现，在距离郑和丰功伟绩久远的 600 年之后，我有幸再次见证"郑和"号训练舰重走"郑和路"，带着中国政府和人民睦邻安邦、和平友好的愿望续写两国经久不衰的友谊。"郑和"号此次"和谐使命"环球航行任务历时5个多月，访问了14个国家，行程3万多公里，文莱是此访最后一站。这样的精心安排，充分显示了我国政府、我军对中文关系的高度重视。访问旅途奔波劳顿，海上风雨变幻莫测，全体海军官兵和水手们克服困难，出色地完成了使命。在他们勇敢和坚毅的付出背后，中文两国再次由"郑和"这一伟大的名字紧密地联结起来，我们的友谊翻开了新的篇章。

郑和七下西洋不仅是中国和世界航海史上的壮举，更是彪炳人类文明史册的"和平之旅""友好之旅"。在1405—1433年的28年间，郑和的足迹遍布亚洲和非洲30多个国家，建立起经济、贸易、文化合作的新桥梁，传播了中华文明，展现了中华民族"协和万邦"的精神，为人类和谐相处提供了宝贵的历史经验。文莱人民对郑和无比崇敬和怀念的情愫，就是

中国自古以来奉行和平睦邻理念和中华"和为贵"文明的有力写照。今天，"郑和"号训练舰"和谐使命"环球航行，同样是传播中国人民对世界和平的美好愿望、对合作与友谊的热切憧憬，这是"郑和精神"在当今世界的又一次彰显，是中文两国人民友谊的又一次升华。

如今的中国，已非当年的大明朝，郑和和明军将士早已作古，宏伟的宝船也无处可寻。然而，郑和虽死，"郑和精神"不灭。中华文明的核心理念和价值——"和平、和谐、友好、合作"从未改变，中国奉行的睦邻友好、和平共处、共同发展的外交政策从未改变。无论中国如何发展强大，她始终是国际社会平等的一员，始终是东盟国家的好邻居、好伙伴、好朋友。"郑和"舰的成功访问，正是对中华民族这一外交理念的最好诠释。作为一名外交工作者，我要努力践行"忠诚、使命、奉献"的外交人员核心价值观，秉承郑和精神，立足本职岗位，脚踏实地地做好外交一线工作，为祖国和东南亚友好邻邦的友谊贡献微薄之力，共同实现中文关系美好的明天！

后 记

　　中国与文莱是同濒一海的友好近邻，两国有着悠久的交往历史。早在西汉时期，双方就开始商品交换。明朝永乐年间，两国来往尤为密切。文莱的民间有着不少有关中文友好交往的传说，坐落在中国南京市的浡泥王墓和文莱斯里巴加湾市的"王三品路"已成为两国友好交往的历史见证。但自16世纪末西方殖民主义者入侵文莱后，两国来往中断。1984年文莱独立后，两国接触与交往逐步恢复。1991年9月30日，中文两国外长签署了《关于两国建立外交关系的联合公报》，宣布两国从当日起建立大使级外交关系。

　　建交以来，在两国领导人的直接关怀和双方的共同努力下，双边关系取得了长足进展，双方高层接触日益频繁，各领域的友好交流与合作不断扩大，在国际和地区事务中保持着良好的协调与配合。特别是2013年两国领导人决定将中文关系提升为战略合作关系，为两国友好关系注入了新的动力。如今，中文关系已经步入全面发展的新时期，成为本地区大小国家平等相待、互利合作、和谐共处的典范。

　　2016年是中文建交25周年。在这喜庆的时节，由五洲传播出版社和外交笔会联合编辑出版的"我们和你们"丛书之《中国和文莱的故事》一书应运而生。数十位长期从事中文友好交往的外交界、学术界专家和各界友好人士凝心聚力，饱含对中文友好的炽热情感，以各自的亲身经历，向社会各界奉献了这册有关传承中文传统友好、对接中文发展战略等内容的精品力作，为中文友好事业增添了靓丽之笔。

　　本书在筹备过程中得到了外交部亚洲司、中国驻文莱大使馆、文莱驻华大使馆、南京市外办、南京市雨花台区文化局的鼎力支持。我要特别提及的是，文莱外交和贸易部无任所大使玛斯娜公主殿下专门发来了贺词，中国驻文莱大使杨健女士和文莱驻华大使张慈祥女士在百忙之中为此书撰写了序言，五洲传播出版社领导和编辑为此书的出版竭尽全力，在此一并表示衷心的感谢！

马来语中有个谚语："tak kenal maka tak cinta"，意为"没有相互的了解，就不能建立深厚的情意"。如今，中国与文莱已成为真诚的朋友和重要的合作伙伴。展望未来，相信在和平共处五项原则基础上，在"一带一路"倡议的推动下，结合各自国内发展战略，探索新形势下加强各领域合作的新思路、新办法，实现优势互补、共同发展，中文睦邻友好合作关系必将谱写出更加美丽的篇章！

刘新生

2016 年 10 月